Kirche trifft Kino

PREDIGTEN UND MUSIK

EVANGELISCH-REFORMIERTE
KIRCHENGEMEINDE BIELEFELD

Kirche trifft Kino

PREDIGTEN UND MUSIK

Verlag Agentur Altepost

Impressum

Hinweis zur geschlechtergerechten Sprache:
Die in diesem Buch gewählte Form der Geschlechtsbezeichnung
bezieht sich immer zugleich auf weibliche, männliche und diverse
Personen. Auf eine Mehrfachbezeichnung wurde zugunsten einer
besseren Lesbarkeit verzichtet.

Abkürzungen:
EG: Evangelisches Gesangbuch; EG RWL: Evangelisches Gesangbuch,
Ausgabe Rheinland-Westfalen-Lippe

Evangelisch-Reformierte Kirchengemeinde Bielefeld (Hrsg.)
Bertold Becker, Uwe Moggert-Seils

»Kirche trifft Kino«
PREDIGTEN UND MUSIK

1. Auflage 2020
© 2020 by Verlag Agentur Altepost 2015, Hörstel
Titel: Katharina Künkel
Lektorat: Susanne Pähler, Lea Roth, Gertrud Schüür
Satz & Gestaltung: Katharina Künkel
Fotonachweis Titel: zettberlin/photocase.com / Andreas Darkow
Fotos: Andreas Darkow, Uwe Moggert-Seils
Filmfotos und Filmplakate: Alle Rechte bei den Filmverleihern
Druck & Einband: Livonia Print, Riga
ISBN 978-3982 130491
www.agentur-altepost.de

Bibliographische Information der Deutschen Nationalbibliothek: Die Deutsche Nationalbibliothek verzeichnet diese Publikation in der Deutschen Nationalbibliographie;
detaillierte bibliographische Daten sind im Internet über http://dnb.d-nb.de abrufbar.

Inhalt

CD – Kirche trifft Kino | Musik

Kino. Bewegte Bilder, die uns bewegen

EIN VORWORT

Bilder, die uns bewegen, erzählen Geschichten und erinnern uns damit an die Ursprünge der christlichen Kirche, an Jesus, der Geschichten erzählend die Menschen erreichte und um den herum Geschichten entstanden: Geschichten von Ermutigung, Heilung, Entlastung, Veränderung, Sündenvergebung (oder, anders ausgedrückt, Aufhebung von Trennendem). Geschichten, die in den Evangelien festgehalten wurden und bis heute lebendig geblieben sind, nicht nur in Gottesdiensten und „frommen Kreisen", sondern an vielen Stellen in unserer Kultur und unserem Alltag. Dazu kamen viele weitere Geschichten, die sich um einzelne Menschen oder auch Gruppierungen rankten – Mutmachgeschichten, so etwas wie Heldenmythen, selten Romanzen, gelegentlich Krimis, allzuoft Horrorgeschichten. Wie im Kino, könnte man meinen.

»Kirche trifft Kino« ist ein Format, das genauer hinschaut auf diese Geschichten, Zwischentöne findet, Erbauliches und Abgründiges erkennt, zum Nachdenken anregt. Man muss weder den Film noch die Bibel kennen, um etwas von dem zu verstehen, was da über Worte und Musik vor den Zuhörerinnen und Zuhörern ausgebreitet wird. Das soll Anstöße geben, vielleicht auch Anstoß erregen, in jedem Fall etwas auslösen – Gedanken, Gefühle, Veränderung der Beziehung zu sich selbst und zu anderen, vielleicht am Ende auch zu Gott.

»Kirche trifft Kino« versucht auf diese Weise den Raum zu öffnen, Perspektiven zu erweitern. Sie ist bedingungslos einladend und steht damit für unsere Haltung als Kirchengemeinde.

Wir danken allen am Projekt Beteiligten, dass sie uns geholfen haben, dieses Anliegen in Wort, Bild und Ton zu bringen. Wir freuen uns, wenn Sie als Kaufende, Lesende, Hörende, Schauende, sich Begeisternde, Schenkende … dazu beitragen, die Kirchentüren offen zu halten und einen großen, weiten Raum entstehen zu lassen, in dem das Leben der Stadtgesellschaft und jedes einzelnen Menschen aufblüht.

Unsere Evangelisch-Reformierte Kirchengemeinde Bielefeld gibt dieses Buch darum gerne heraus und dankt insbesondere ihrem Pfarrer Bertold Becker und zugleich Pfarrer Uwe Moggert-Seils, Leiter der Öffentlichkeitsarbeit des Kirchenkreises Bielefeld.

Friederike Kasack | im Juni 2020

Kirche trifft Kino

EINE EINLEITUNG

„BOXT DU?"

Das fragt Ernest Hemingway im Film „Midnight in Paris". Boxt du dich durchs Leben? Bist du bereit, den Kampf um ein wahres, glückliches Leben zu führen und nicht aufzugeben? Bist du bereit, dich deiner Sehnsucht zu stellen und Einsatz zu zeigen?

Diese Frage ist bezeichnend für die Alltagsheldinnen und -helden in den Filmen, die den Predigten zugrunde liegen. Das verbindet sie mit biblischen Geschichten, in denen Menschen fragen, wie es weitergehen kann. Oft machen sie dabei überraschende Glaubenserfahrungen. Auch das verbindet sie mit den Protagonistinnen und Protagonisten der Filme.

In den Predigten der Reihe »Kirche trifft Kino« folgen wir den Handlungen und Personen ausgewählter Filme und begeben uns auf eine Entdeckungsreise:
Wo und wie findet sich das „Evangelium", die Kraft der Klarheit, Wahrheit, Schönheit und Lebensfreude? Wie findet sich Gemeinschaft, die Einsamkeit überwindet?

EIN DIALOG

»Kirche trifft Kino« ist eine Gottesdienstreihe, die das Gespräch sucht: zwischen Kultur und Kirche, zwischen aktuellen Filmen und biblischer Interpretation, zwischen traditioneller und improvisierter moderner Jazz-Musik.

Filme werden im Gespräch miteinander ausgewählt, Predigten entstehen durch einen ständigen Dialogprozess und werden im Dialog vorgetragen.
Einen besonderen Dialog eröffnet die Musik in den jeweiligen Gottesdiensten.

8

Ein Jazz-Trio greift die Stimmungen des Filmes auf und setzt durch jazzige Choralinterpretationen eigene Akzente. Moderne Lieder, klassische Kirchenchoräle und Orgelimprovisationen schaffen weitere Bezüge, so dass ein Klangraum entsteht, der ein eigenständiges Gewicht hat und den Charme der Reihe ausmacht.

Dem Buch ist eine CD beigelegt, die Musik der Gottesdienste hörbar macht. Ein QR-Code innerhalb der Texte schafft darüber hinaus die Möglichkeit, Musik unmittelbar an den Stellen zu hören, an denen sie auch im Gottesdienst erklungen ist. So wird der Klangraum angedeutet, in den hinein die Predigten gesprochen sind.

ZWEIMAL IM JAHR

In den Gottesdiensten der Evangelisch-Reformierten Kirchengemeinde Bielefeld trifft zweimal im Jahr die Kirche das Kino. In den morgendlichen Sonntagsgottesdiensten werden keine Filmausschnitte gezeigt. Der Gottesdienst bleibt, was er ist. Vielmehr geht es um Bilder im Kopf und um Gefühle und Themen, die sich im Zusammenspiel zwischen Film und Theologie ergeben.

Seit 2011 findet zweimal im Jahr ein Gottesdienst der Reihe »Kirche trifft Kino« statt.

Im Frühjahr 2020 kam es zu der Pandemie durch Covid 19. Bei Überlegungen zum weiteren Verlauf von Gottesdiensten, Kinobesuchen und Filmen war nicht absehbar, ob in 2020 überhaupt ein zweiter »Kirche trifft Kino-Gottesdienst« stattfinden kann. Wenn, dann wären nur eine begrenzte Besucherzahl in der Kirche zugelassen ... Ob Kinos öffnen und Filme gezeigt werden können, war nicht absehbar.

In der unklaren Situation entschlossen wir uns, zum nächsten geplanten Gottesdiensttermin der Reihe ein Buch mit zwölf von bisher achtzehn gehaltenen Predigten herauszubringen. Die Zahl Zwölf bildet im biblischem Zusammenhang das Gesamte ab, so wäre also mit zwölf Predigten alles gesagt. Gedacht war zudem, dass jeweils ein Musikstück den Klangraum der Predigten andeutet. Jetzt sind es mehr als zwölf Titel geworden, was uns freut und deutlich macht, in welchem Kontext die Predigten erklingen.

Ein Buch ist entstanden, in dem Bilder (Filme repräsentierend) und (biblische) Texte und Musik zusammenfinden und so eine einzigartige Mischung eingehen. Darüber freuen wir uns!

Da sich die Gottesdienste immer auf aktuelle Filme der Filmkunsttheater beziehen, bilden die Predigten auch Zeitgeschichte ab. Das macht sie nicht weniger spannend, sondern zeigt ihre jeweilige Aktualität.

KAUF EIN BUCH, UNTERSTÜTZ DEIN KINO

Das Buch ist auch der Situation geschuldet, dass Kultureinrichtungen in Zeiten von Corona Unterstützungen brauchen, um zu bestehen. Darum ist mit dem Verkauf des Buches ein Projekt verbunden:

Wir unterstützen die örtlichen Filmkunsttheater „Lichtwerk" und „Kamera".

Drei Euro pro verkauftem Buch gehen in einen Fond, mit dem Kino-Gutscheine der beiden Lichtkunsttheater erworben werden. Die Kino-Gutscheine werden über die Corona-Hilfe Bielefeld und das evangelische Sozialpfarramt sowie den Bielefelder Tisch an Mitbürgerinnen und Mitbürger weitergegeben, die finanziell nicht in der Lage sind, sich einfach einen Kinobesuch zu erlauben. Wir hoffen, dass auf diese Weise viele Menschen etwas von dem Buch haben.

DANK!

Wir bedanken uns bei allen Akteuren dieses Projektes:
Jürgen Hillmer, Geschäftsführer der örtlichen Filmkunsttheater, verdanken wir spannende Gespräche über viele Filme und die Unterstützung des Formates.
Der Dank für die Musik gilt den jahrelangen Weggefährten

Andreas Kaling, Joachim Fitzon (bis 2015) und Matthias Kosmahl. Er gilt in besonderer Weise KMD Ruth M. Seiler, die neben musikalischen Beiträgen mit dem Evangelischen Stadtkantorat Bielefeld auch für die Finanzierung der Musik sorgt. Ein Dank gilt Karl Godejohann für die Aufnahmen, Susanne Pähler, Lea Roth und Gertrud Schüür für alle Korrekturen und Katharina Künkel für die Gestaltung des Buches.

Ohne die Weite, Offenheit und Neugierde der Evangelisch-Reformierte Kirchengemeinde Bielefeld wäre dieses Buch nicht entstanden.

Bertold Becker, Uwe Moggert-Seils

Der Film läuft im **lichtwerk** IM RAVENSBERGER PARK

Midnight in Paris

Drehbuch und Regie
Woody Allen

OFFICIAL SELECTION
opening film

Kathy Bates
Adrien Brody
Carla Bruni
Marion Cotillard
Rachel McAdams
Michael Sheen
Owen Wilson

Kirche trifft Kino.1

28. August 2011

MUSIK **Andreas Kaling** (Saxophone), **Joachim Fitzon** (Bass),
Bertold Becker (Piano), **Christiane Krause** (Orgel).

"Wer sein Leben erhalten will, der wird es verlieren, wer aber sein Leben verliert um meinetwillen, der wird es gewinnen." **(Lukas 9,24)**

Midnight in Paris

PREDIGT UND MUSIK ZUM FILM

Aus der Bergpredigt – *Matthäus-Evangelium Kapitel 6*

Wo dein Schatz ist, da ist auch dein Herz.

Niemand kann zwei Herren dienen: Entweder er wird den einen hassen und den andern lieben, oder er wird an dem einen hängen und den andern verachten. Ihr könnt nicht Gott dienen und dem Mammon.

Darum sage ich euch: Sorgt euch nicht um euer Leben, was ihr essen und trinken werdet; auch nicht um euren Leib, was ihr anziehen werdet. Ist nicht das Leben mehr als die Nahrung und der Leib mehr als die Kleidung?

Warum sorgt ihr euch um die Kleidung? Schaut die Lilien auf dem Feld an, wie sie wachsen: Sie arbeiten nicht, auch spinnen sie nicht. Ich sage euch, dass auch Salomo in aller seiner Herrlichkeit nicht gekleidet gewesen ist wie eine von ihnen.

Darum sollt ihr nicht sorgen und sagen: Was werden wir essen? Was werden wir trinken? Womit werden wir uns kleiden? Nach dem allen trachten die Heiden. Denn euer himmlischer Vater weiß, dass ihr all dessen bedürft. Trachtet zuerst nach dem Reich Gottes und nach seiner Gerechtigkeit, so wird euch das alles zufallen. **(Matthäus 6, 21.24-25.28b-29.31-33)**

 **MUSIK**
WHAT IS THIS THING CALLED LOVE
(Cole Porter, 1891-1964)

„Wer sein Leben erhalten will, der wird es verlieren,
wer aber sein Leben verliert um meinetwillen, der wird
es gewinnen. **(Lukas 9,24)**

Midnight in Paris – der Film stimmt ein mit Impressionen – Bildern von Paris, die den meisten Menschen vertraut sind. Sehnsuchtsort, Stadt der Liebe, Stadt der Kultur. Erst dann begegnet uns der Hauptakteur des Films, der Amerikaner Gil, in seinem Auftreten ein smarter Typ.

Anfang/Mitte 30, erfolgreicher Hollywood-Drehbuchautor. Doch eigentlich – daran hängt sein Herz – schreibt er einen Roman. Er hat eine „Schreibblockade".
Doch: Ist es nur eine Schreibblockade?

Seine Verlobte Inez ist eine sehr hübsche, zugleich verwöhnte Tochter aus einem reichen amerikanischen Elternhaus. Die beiden befinden sich mit Inez' Eltern auf einem Paris-Trip, residieren in einem Luxushotel. Von Anfang an steht für alle Beteiligten fest, dass nicht nur die kulturellen Interessen ziemlich weit auseinandergehen.

Gil liebt Paris – genaugenommen das Paris der Zwanziger Jahre mit seinen literarischen Vorbildern. Und: Gil liebt es, im Regen zu flanieren. Paris im Regen: Das ist für ihn Poesie. Für Inez ist der Regen ärgerliche Prosa, hinderlich bei Besichtigungstouren und beim Shoppen.

Gils Schwiegereltern: Das sind erzkonservative Tea-Party-Republikaner, die sich in abfälligen Reden über die französische Politik und Kultur ergehen. Karikaturen nordamerikanischer Bourgeoisie, die kaum ein anderer besser zu zeichnen vermag als Woody Allen. Getoppt werden sie dann noch durch einen Bekannten von Inez, der sich als eitler Kultur-Besserwisser aufspielt.

Gil dagegen hat immer mehr die Nase voll von den Interessen seiner Verlobten Inez und ihre Eltern. Er lässt sie Party machen und schlendert alleine durch Paris.

Irgendwann setzt er sich – er weiß nicht so recht weiter auf der Suche nach dem Heimweg ...
Was ist der Weg? Wie findet er nach Hause? Was – und wo ist sein Zuhause?

Ohne dass es ausgesprochen wird, stellen sich hier auf ein paar Treppenstufen der Pariser Altstadt die großen Lebensfragen:

Lebe ich so, wie ich lebe, glücklich?
Bin ich zu Hause?
Bin ich mit der Wahrheit – mit mir – mit dem Leben –
mit der Kraft der Liebe verbunden?
Und: Gelingt mir die Arbeit und das, was mir am
Herzen liegt?

Oder flüchte ich mich in Klischees und umgebe mich mit einer Scheinwelt der Sachen und materiellen Werte?

Was ist das Höchste, das Größte, das Beste? – „Billig bleibt billig" – sagt die Mutter der Verlobten bei ihrer Suche nach den „wahren" Werten.

Träume ich noch von der Schönheit des Lebens und der Unmittelbarkeit des Augenblicks? Oder bin ich innerlich meinen Träumen untreu und habe bereits aufgehört zu träumen? – Bin ich in der Lage, mich an der Schönheit des Lebens zu erfreuen und „durch den Regen nach Hause zu gehen ..."
– nass zu werden?

Die ganze Schönheit dieser Stadt stellt die Frage nach der Fähigkeit, das Leben zu genießen: Nicht oberflächlich und auf Schnäppchenbasis, sondern wahr und selbstkongruent.

„Schaut die Lilien auf dem Feld an, wie sie wachsen", sagt Jesus, „Sie arbeiten nicht, auch spinnen sie nicht. Ich sage euch, dass auch Salomo in aller seiner Herrlichkeit nicht

gekleidet gewesen ist wie eine von ihnen ... . Trachtet zuerst nach dem Reich Gottes und seiner Gerechtigkeit, so wird euch alles andere dazugegeben."

LIED   MEINE ENGEN GRENZEN (EG 600)

Meine engen Grenzen, meine kurze Sicht ... der Hauptdarsteller Gil sitzt auf der Suche nach dem Heimweg nachts auf der Treppe in der Pariser Altstadt. Seine Suche nach dem Weg wird zur Suche nach dem wahren Leben. Die Uhr schlägt zwölf – Mitternacht in Paris. Midnight in Paris.

Mitternacht: Der Übergang von einem Tag zum anderen. Mitternacht – Round Midnight (von Thelonious Monk) ist sicher einer der bekanntesten Jazz-Standards. Wir hören es jetzt.

MUSIK   ROUND MIDNIGHT (Thelonious Monk)

Mitternacht, eine Turmuhr schlägt zwölf. Ein mysteriöser Oldtimer taucht auf, dessen beschwipste Insassen unseren Hauptdarsteller Gil zur Mitfahrt einladen. Woody Allen macht hier etwas, was wir schon aus einem anderen seiner Filme (The Purple Rose of Cairo) kennen. Er reißt die Trennwand zwischen Realität und Imagination nieder. Gil steigt ein und wähnt sich auf dem Weg zu einer Zwanziger-Jahre-Kostümparty – bis er in einem Salon Zelda und Scott Fitzgerald kennenlernt. Cole Porter sitzt am Piano. Gil „ist" im Paris der zwanziger Jahre.

Nach diesem Abend kann Gil es kaum fassen – träume ich das, was ich mir immer erträumt habe? Oder war das wirklich? Am nächsten Morgen teilt er sein Erlebnis mit seiner Verlobten Inez. Ungläubig folgt sie ihm abends zur Treppe in der Pariser Altstadt, unbedingt will Gil mit ihr teilen, was er erlebt hat. Wir ahnen es: Nichts passiert. Inez glaubt nicht – ist genervt – verlässt den Ort. Sie hat nicht lange genug gewartet. Nicht lange genug vertraut. Gil sitzt weiter auf

der Treppe. Es ist die Treppe einer Kirche. Wohin verschlägt es ihn? Die Uhr schlägt wieder zwölf.

Dieselbe wundersame Zeitreise. Der Kreis der Bekanntschaften weitet sich und Gil begegnet all den Größen dieser Epoche am Ort. Mit der Pointe des Abends: All die Künstleridole, die Gil trifft, verhalten sich genauso, wie es die Legenden des Kunstbetriebs überliefert haben und wie Gil es sich immer vorgestellt hat. Er begegnet Ernest Hemingway, der ihm erläutert, wie er ein „richtiger" Mann werden kann. Auch die rührige Gertrude Stein ist zur Stelle, um sein Manuskript zu begutachten. Im Haus von Gertrude Stein lungert auch Picasso herum, um sein neues Bild von ihr kritisieren zu lassen. Später trifft Gil in der Kneipe noch Man Ray, Modigliani, Luis Buñuel, verliebt sich in Picassos Muse Adriana.

„Du bist in deine Fantasie verliebt" – muss der Protagonist sich sagen lassen. „Du gehörst zu den Leuten, die glauben, sie wären sehr viel glücklicher, wenn sie in der Vergangenheit gelebt hätten ..."

Nein, die Reise in die Vergangenheit ist mehr als ein bloßes Hinwegträumen: Wir brauchen in unserem Leben Vorbilder und Orientierung, Helden, denen wir gerne begegnen würden und die wir fragen können, ob das, was wir machen, richtig ist und Bestand hat.

„Kein Thema ist langweilig, wenn die Geschichte darin ehrlich ist." – sagt Ernest Hemingway. Wir brauchen andere, die uns weiterhelfen in den Fragen nach Wahrhaftigkeit und Wahrheit. Die uns sagen, ob wir ehrlich sind zu uns selber – und ob wir auf dem richtigen Weg sind.

Jesus wird einmal gefragt: *„Meister, was muss ich tun, dass ich das ewige Leben ererbe?"* – Das ist die alte Frage nach dem wahren, glücklichen Leben, das Bestand hat und trägt... *Jesus antwortet: „Was steht im Gesetz geschrieben?*
Was liest du in den Büchern der Thora und der Propheten?"
(Lukas 10,25.26)

Gil begegnet im Film den großen Künstlerinnen und Künstlern des Lebens. Dass er mit ihnen eine Art „inneren Dialog" führt, ist nicht nur humorvoll und schön, sondern fängt etwas ein von unserer menschlichen Sehnsucht nach Halt und Orientierung.

„Was macht das wahre Leben aus?"– wird Jesus gefragt. Er verweist den Fragenden auf die Vorbilder – und dieser entdeckt darin die Kraft der Liebe:

„Du sollst den Herrn, deinen Gott, lieben mit deinem ganzem Herzen, mit deiner ganzen Seele und mit all deiner Kraft und mit deinem ganzen Verstand – und deinen Nächsten lieben wie dich selbst!" (Lukas 10,27)

MUSIK   **LET´S DO IT** (Cole Porter)

Lesung: Lukas 17, 20-21

„Als Jesus von den Pharisäern gefragt wurde: Wann
kommt das Reich Gottes?, antwortete er ihnen und sprach:
Das Reich Gottes kommt nicht mit äußeren
Zeichen; man wird auch nicht sagen: Siehe, hier!, oder: Da!
Denn sehet, das Reich Gottes ist mitten unter euch.

Abend für Abend verbringt Gil im Paris der zwanziger Jahre, so wie er es sich gewünscht und erträumt hat. Der schönen und aufregenden Adriana, in die er sich verliebt hat, erzählt er voller Begeisterung, wie schön diese Zeit gerade jetzt sei. Wie aufregend und inspirierend, mit Hemingway und Man Ray zu diskutieren. Adriana hingegen träumt von einem Leben in der Belle Époque. Der – für sie – früheren Zeit, der Vergangenheit, der goldenen Zeit Ende des 19. Jahrhunderts. Und schon findet sich Gil mit ihr in einem Moulin-Rouge-Schuppen wieder, in dem die beiden Maler Toulouse-Lautrec und Degas zur Konversation bereitstehen.

Gil wird klar: Das Eintauchen in die Vergangenheit inspiriert ihn, doch erfüllt es ihn nicht. Zurück in der Gegenwart kann er das, was eigentlich von Beginn des Films an angedeutet wird, jetzt mit ungeheurer Leichtigkeit tun. Er räumt sein Leben auf, gestaltet es völlig neu, wird der, der er ist und sein will. Und wieder ist es hier Woody Allens unverwechselbarer Humor und seine Ironie, mit welcher Leichtigkeit eine solch existentielle Entscheidung erzählt wird.

Gil wandert im Regen durch Paris. Und findet das Leben. Sein Leben.

Durch die Reise in die Vergangenheit macht unsere Hauptperson Erfahrungen, die der Geschichte eine ganz andere Wendung geben.

Denn: Es geht nicht darum, die Gegenwart zu verdrängen oder in scheinbar bessere Zeiten zu flüchten. Sei es, dass sie hinter uns liegen oder noch kommen werden. Träume ich

mich aus der Realität weg oder begegne ich ihr mit der Kraft meiner Träume und inneren Bildern anders? Die Gegenwart, also das Jetzt, das ist es, worum es geht. *„Das Reich Gottes kommt nicht so, dass man es beobachten kann; man wird auch nicht sagen: Da war es, oder hier wird es kommen ... Denn siehe – das Reich Gottes ist mitten unter euch!"* Es ist da, das Leben in seiner Fülle, mit seinen Schönheiten und auch seinen harten Seiten. Es ist da, das volle Leben mit der tiefen Sehnsucht, glücklich und wahrhaftig zu sein ....

Wie aber im Hier und Jetzt leben?

Im Film ist es Ernest Hemingway, der unserem Suchenden eine Frage stellt: „Boxt du?" Boxt du dich durch das Leben? Bist du bereit, den Kampf um ein wahres, glückliches Leben zu führen und nicht aufzugeben? Bist du bereit, dich deiner Sehnsucht zu stellen und Einsatz zu zeigen? Vielleicht ist es manchmal nötig, für die Wahrhaftigkeit etwas aufzugeben und neu anzufangen.

An einem der Abende in den Zwanzigern ist Hemingway mit dem Schluss des von Gil entworfenen Romans nicht zufrieden: Es kann doch nicht sein, dass die Hauptperson sich ihrem Schicksal ergibt und zulässt, wie vor seinen Augen seine Verlobte von jemand anderem ausgespannt wird. Nicht etwas hinnehmen, sondern etwas ändern! Mit anderen Worten: Wahrhaftig sein. Zu sich und gegenüber anderen. Noch einmal stellt sich die Frage: Wie im Hier und Jetzt leben? Für was lohnt es sich zu kämpfen? Natürlich – und da sind sich Film und Leben einig – für die Liebe! Denn, so sagt Hemingway im Dialog mit Gil: „Die Liebe, die wahr und rein ist, verschafft dem Leben eine Atempause vor dem Tod." Man verliert seine Angst. Man gewinnt etwas, für das es sich immer zu leben lohnt.

„*Wer sein Leben erhalten will*", sagt Jesus, – das alte Leben mit Beruhigungspillen und bequemem, klischeehaftem Wohlstand, ohne Lust, durch den Regen zu laufen und ohne Augen für die Schönheit der Welt – „*wer sein Leben erhalten will, der wird es verlieren. Wer aber sein Leben verliert um meinetwillen*" – um der Liebe willen, der Echtheit und Lebenswahrheit willen, „*der wird's gewinnen.*"

„*Wer suchet, der findet, und wer anklopft, dem wird aufgetan*", sagt Jesus. „*Das Reich Gottes ist mitten unter euch!*"

LIED   **WIR STRECKEN UNS NACH DIR**
              (EG RWL 664)

Fürbitten – Gebet

**Gott,
du unsichtbare Nähe**,

öffne unsere Augen für die zwecklose Schönheit des Augenblicks.

Wecke uns auf mit einer neuen Ehrfurcht für das Leben. Wir brauchen den freien Blick, der Dinge und Menschen nicht bewertet, der nicht nach Nutzen und Leistung sortiert und ziel-optimiert alles ins Visier nimmt. Wecke uns auf mit der Unmittelbarkeit des Augenblicks und dem frischen Wasser in unserem Geist.

**Gott,
du stille Nähe**,

wir haben viel um die Ohren und umgeben uns mit dem Lärm von Wichtigkeiten und Nichtigkeiten.

Schaffe in uns einen weiten Raum und eine neue Stille, die unsere Sehnsucht hörbar macht nach Liebe und Anerkennung – und in der wir auf andere neu hören lernen. Schaffe in uns einen weiten Raum und eine neue Stille, damit wir unseren inneren Bildern Gehör schenken und achtsamer werden für das Hier und Jetzt.

**Gott,
du zärtliche Nähe,**

wir danken dir für das Glück der Gemeinschaft, in der wir leben: die Gemeinschaft in Familien, mit Freundinnen und Freunden ...

Mit der Gemeinschaft verbindet sich eine Hoffnung:
Dass sie tragfähig ist, dass sie Nähe und Distanz aushält,
dass in ihr gestritten werden kann, dass in ihr Friede
wohnt, dass die Gemeinschaft unser Leben aushält und uns
trägt.

Gott, in dieser Gemeinschaft sind wir angewiesen auf
den Zuspruch der Liebe, auf die Kraft der Vergebung und
auf den Anspruch, Beziehungen in Liebe zu gestalten. Wir
brauchen die befreiende Kraft der Liebe mit ihrer Lebens-
freude. Öffne unsere Herzen. Schaffe Raum in uns.

Gott,
du kraftvolle Nähe,

mit der Erfahrung von Gemeinschaft verbindet sich
ein Wunsch: Dass das Glück gemeinsamen Lebens auch
anderen Menschen dieser einen Erde zuteil wird.

Gott, lehre uns, Brot und Wein miteinander zu teilen,
weil es Orte gibt auf dieser einen Welt, wo Nahrungs-
mittel verbraucht sind und Trinkwasser verdorrt ist.

Gott, lehre uns Ziele und Wege, die Güter dieser Erde
besser miteinander zu teilen zu einem friedvollen aus-
kömmlichen Leben bei uns im Land und darüber hinaus.

Gott,
du Zukunft aller,

im Vertrauen darauf, dass dein Reich der Liebe kommt,
beten wir, wie Jesus es uns gelehrt hat ...

Der Film läuft im lichtwerk IM RAVENSBERGER PARK

GAUMONT PRÄSENTIERT
EINE QUAD PRODUKTION

ZIEMLICH BESTE FREUNDE

FRANÇOIS CLUZET
OMAR SY

DREHBUCH UND REGIE
Eric TOLEDANO UND Olivier NAKACHE

Kirche trifft Kino.2

29. Januar 2012

MUSIK   **Andreas Kaling** (Saxophone), **Joachim Fitzon** (Bass),
Bertold Becker (Piano), **Christiane Krause** (Orgel).

"Trachtet zuerst nach dem Reich Gottes und seiner Gerechtigkeit, so wird euch alles andere zufallen."
(Matthäus 6,33)

Ziemlich beste Freunde

PREDIGT UND MUSIK ZUM FILM

Lesung: Markusevangelium, Kapitel 1, Verse 14-15

> *„Nachdem aber Johannes gefangen gesetzt war, kam Jesus nach Galiläa und predigte das Evangelium Gottes und sprach: Die Zeit ist erfüllt und das Reich Gottes ist herbeigekommen. Kehrt um und glaubt an das Evangelium!"*

LIED   WO EIN MENSCH VERTRAUEN GIBT,
             NICHT NUR AN SICH SELBER DENKT

Liebe Gemeinde!

> *„Wer da sucht, der findet; und wer da anklopft, dem wird aufgetan."* **(Lukas 11,10)**

„Ziemlich beste Freunde" ist die Geschichte von zwei Männern. Auf den ersten Blick könnten beide nicht unterschiedlicher sein. Sie suchen nicht – sie finden sich und ihre gemeinsame Geschichte.

Männerträume sind – vordergründig – auch Autoträume. Bei einigen jedenfalls. Und so rasen der gelähmte Philippe auf dem Beifahrersitz des Maserati und Dris am Steuer im James-Bond-Stil nachts über die Pariser Innenstadt-Autobahn. Sie brechen alle Regeln und haben Spaß: Schöne Frauen, Funky-Musik – und alles bei schnellen Schnitten.

In dieser ersten Szene eröffnet der Film ein Thema, um das es im Film immer wieder geht: Leben! Volles, bewegtes, radikales Leben. „Ich spüre nichts – und darum leide ich". Rasen als Sehnsucht nach vollem Leben. Geschwindigkeit ist mehr als Schnelligkeit. Sie wird zum Bild, zur Metapher. Auch der elektrische Rollstuhl, in dem Philippe sitzt, ist zu langsam, viel zu langsam für den Kick des Lebens. „Ich bin schon am Limit" sagt der gelähmte Phillip in seinem teuren, aber langsamen elektrischen Rolli. Und Dris, der Vorstadtjunge, ist ebenfalls nicht zufrieden: Es geht um mehr Geschwindigkeit – damit ich spüre, dass ich noch lebe.

Geschwindigkeit. Mit ihr geht es am Ende nicht darum schnell zu rasen.

Es geht um mehr:
Welchen Kick gibt es in meinem Leben?
Welche Ziele, Träume und Wünsche haben wir?
Was suchen wir? Was wollen wir finden?
Woran spüren wir, dass wir leben – und nicht das Leben in rasender Geschwindigkeit an uns vorüberzieht, weil wir uns längst eingerichtet haben in der Fülle des Alltags mit Dingen, Terminen und Verpflichtungen?

Wo geben wir der Spontaneität des Lebens einen Raum? Wo erahnen wir die herrliche Freiheit der Kinder Gottes? Wir alle wissen es: Das Leben hat eigentlich mehr zu bieten. Die Verfolgungsjagd mit dem Auto bringt keine wirkliche Erfüllung – und auch nicht die Erhöhung der Geschwindigkeit bei Fahrrädern und Rollstühlen.

Der eine gelähmt und der andere voller Bewegungsdrang – und wir irgendwo dazwischen – und miteinander auf der Suche nach Leben und Heimat.

Jesus sagt: *„Das Reich Gottes ist unmittelbar nahe, darum ändert euch – kehrt um und glaubt an das Evangelium"* – das volle, wahre Leben. Es ist da – zum Greifen nahe!

Am Geburtstag von Philippe gibt es ein Fest mit gesellschaftlichen Verpflichtungen. Als Ausdruck dafür steht die klassische Musik des Privatorchesters. Mozart, Vivaldi, Bach ... Hochkultur ist nicht das Ding von Dris, der die bürgerliche Musik als Werbung für bestimmte Produkte entlarvt, Berlioz als Namen einer Pariser Vorstadt identifiziert und dem bei einer klassischen Melodie die Warteschleife des Telefons vom Arbeitsamt einfällt.

Am Ende des Geburtstagsempfangs wird plötzlich alles anders. Dris legt seine Musik auf. Die vornehmen Gäste des Geburtstagsempfangs tauchen – zögerlich und erst nach und nach – ein in andere Musik und eine andere Lebensart. Ein Fest jenseits der Konventionen entsteht. Alle tanzen. Außer dem einen – der bleibt sitzen.

Wir wissen: So leicht ist das eben doch nicht mit den Partys und dem anderen Leben ... Aber: Es geht hier mehr um ein Lebensgefühl, um eine innere Haltung, die zum Ausdruck kommt. Wie gewinnt das Leben Leichtigkeit und Schönheit und eine neue Freiheit zum Atmen?

LIED   O KOMM, DU GEIST DER WAHRHEIT
            (EG 136)

CHORAL-JAZZ ZU EG 136
O KOMM, DU GEIST DER WAHRHEIT
(Melodie 16. Jh.), darin: Nkosi Sikilel´i Afrika
(Südafrikanische Nationalhymne; Melodie 1897)

„Meinst du wirklich, dass dieser entlassene Straffällige, dieser Schwarze, verarmte Vorstadt-Kriminelle das Richtige für dich ist?" fragt ein Verwandter den gelähmten Protagonisten Philippe.

„Ja, weil er mir nicht mit Mitleid begegnet, sondern mich so nimmt, wie ich bin. Er vergisst, dass ich behindert bin!" entgegnet Phil. Es gibt keinen Sonderstatus. Begegnungen von Mensch zu Mensch.

„Wie, du willst dich in so einem Viehtransporter durch die Gegend fahren lassen?" fragt Dris empört, als er das erste Mal einen Fahrdienst übernehmen soll und Phil in einen Kleintransporter schiebt.

Willst du wirklich immer eine Sonderbehandlung? Es geht darum, das Leben gleichwertig und normal zu führen, „halt so, wie man ist" lehrt uns Dris, der Pragmatiker. Fahre das Auto, das du willst, und nicht das, was dir die Gesellschaft als Sonderwagen zuschiebt.

Als Philippe nachts einen psychogenen Anfall bekommt und wir Angst und Atemnot assoziieren, äußert er den Wunsch nach frischer Luft. Beide, Dris und Philippe, machen mitten in der Nacht einen Spaziergang an der Seine. „So habe ich Paris schon lange nicht mehr gesehen ...", sagt Philippe, aber gemeint ist nicht nur die Seine, sondern mehr als dies: So frei und offen und unkonventionell habe ich schon lange nicht mehr gelebt.

Die Beziehung der beiden erfrischt uns, weil sie Grenzen überwindet und Konventionen sprengt – und die Sehnsucht nach der herrlichen Freiheit des Lebens uns anrührt. Wo überwinden wir die Lähmungen des Alltags und gewinnen ein anderes Leben – das nach Freiheit und Unmittelbarkeit schmeckt?

Es geht in den Begegnungen der beiden nicht darum, Behinderung zu überwinden oder sie zu verleugnen. Beide nehmen uns vielmehr mit bei der Suche nach Heimat und einem glücklichen Leben.

Die Frage nach Identität steht im Raum: Muss ich mich verstellen, um angenommen zu werden? Muss ich meine Behinderungen verstecken? Muss ich meine kriminellen Seiten verbergen?

Beide sprechen sich aus und lernen, zu dem zu stehen, was sie jetzt sind und was sie ausmacht. Der eine muss immer wieder lernen, mit seiner Behinderung zu leben; der andere mit seiner Vergangenheit und Kleinkriminalität.

Der eine macht sich auf den Weg, weil er vorgab, jemand anderes zu sein, als er war. Der andere stellt sich seiner Herkunft, gewinnt andere Verantwortung für sich und seine Familie.

Im Vorstellungsgespräch zu Beginn des Films wurde Dris gefragt, was seine Stärken seien:
„Ich bin Pragmatiker." Dris bewertet die Dinge nach ihrem Nutzen: Was habe ich davon und was bekomme ich dafür? So stiehlt Dris in der ersten Begegnung mit Phil ein Fabergé-Ei. Kosten-Nutzen Prinzip.

Trotzdem wird Dris von Philippe eingestellt. Kosten-Nutzen-Prinzip?

Dris versteht die Welt nicht mehr, als Phil im Museum fast eine Stunde ein modernes Bild betrachtet und beglückt ist. Kosten-Nutzen-Prinzip? „Das bringt doch nichts!", sagt Dris. „Die Kunst ist die einzige Spur, die unser Dasein hinterlässt", entgegnet Phil.

Sieh mit anderen Augen auf die Welt: Etwas, das nicht sofort in Verwertungskategorien verrechnet werden kann, steht für die Schönheit und Unmittelbarkeit des Augenblicks, für den zweckfreien Raum, in den einzutreten Würde verspricht. Würde ist etwas, das niemals verrechnet und

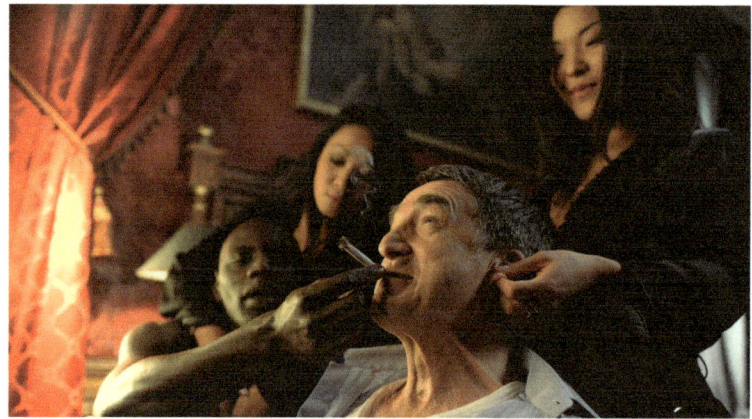

verwertet werden kann, weil sie keinen Preis hat, sondern einfach zugesprochen wird.

Würde ist die Schönheit der Geschöpflichkeit, die jedem Menschen – und wahrscheinlich jedem Lebewesen gilt.

> *„Siehst du die Lilien auf dem Feld, wie sie wachsen:*
> *Sie arbeiten nicht, auch spinnen sie nicht. Ich sage euch:*
> *Auch Salomo in aller seiner Herrlichkeit ist nicht gekleidet*
> *gewesen wie eine von ihnen."* sagt Jesus.

Das Reich Gottes ist ein Ort, in dem die Würde zur Geltung kommt, in der das Leben mehr ist als ein Kosten-Nutzen-Prinzip.

Dris beginnt zu lernen – und die Beziehung der beiden buchstabiert dies: Beim ersten psychogenen Anfall von Philippe legt Dris ihm einen Waschlappen auf die Stirn. Nicht, weil es irgendjemand gesagt hätte, sondern weil Mitgefühl entsteht.

Später, gegen Ende des Films, malt Dris ein Bild. Weil er es auch kann – „diesen abstrakten Unsinn". Er gewinnt Freiheit, etwas zu tun, einfach so ...

Würde – Mitgefühl – Identität: Sie wachsen bei Dris. Er kümmert sich um seine Großfamilie und findet eine neue Heimat. Er beendet den Job bei Philippe, den er mit der Grundhaltung der

Kosten-Nutzen-Rechnung begonnen hat. Sie passt jetzt nicht mehr.

Dris steigt ein in eine neue Form der Begegnung: Aus freien Stücken kommt er zurück als Freund. Von sich aus arrangiert er ein Treffen, in dem sich auch Philippe nicht mehr verstecken kann vor seinen Wünschen und Sehnsüchten. Philippe findet in Dris Unterstützung, so zu sein, wie er ist ... weil auch Dris etwas bei Philippe gefunden hat. Sein Leben, in dem er die Dinge bewertet nach dem, was sie einbringen, hat sich geändert. Dris gibt Phil das am Anfang gestohlene Fabergé-Ei zurück.

Er hat etwas gelernt über den Wert einmaliger Beziehungen, die eigentlich nichts bringen, sondern immer nur kosten: Sie kosten das ganze Leben, aber darin finden wir es neu wieder – und das Leben eines anderen Menschen noch dazu.

„Wer sein Leben erhalten will, der wird's verlieren, wer aber sein Leben verliert um meinetwillen" – um der wahren Liebe willen – *„der wird's gewinnen ..."*, sagt Jesus.

Philippe ist theoretisch überzeugt von dieser Würde des Lebens, denn sie ist seine Lebensgrundlage. Er kann in körperlichem Sinne nicht mehr viel ...

Phil wuchs auf im Glauben an die Würde, doch es war vor allem seine Würde, nicht die der anderen, die ihn durch das Leben trug.

Er erzählt, dass er in dem Glauben groß geworden sei, ihm liege alles zu Füßen, er schwebe über allem und sei in der Lage, auf alle und alles andere herabzupinkeln. Beim Gleitschirmfliegen über die anderen hinweg stürzt er ab. „Hochmut kommt vor dem Fall."

Phil muss von Anfang an alles neu lernen: Vor allem aber lernen, dass ein anderer Grund ihn, den Überflieger, trägt. Diesen tragfähigen Grund des Lebens, der Lebensfreude und Schönheit umfasst: ihn lernt er durch die Begegnung mit Dris.

Ihn lernt er in Begegnungen auf Augenhöhe. Ihn lernt er ohne seine Rolle als Überflieger.

Phil lernt etwas Neues über die Würde.

Wir kennen das: Es ist schwer, etwas praktisch in Anspruch zu nehmen, an das wir theoretisch glauben. Es ist schwer, dass ein Grund uns trägt, dessen Raum nicht einen äußeren Schein als Eintrittskarte braucht.

Offensichtlich wird das, als Phil sich verliebt. Er hat eine Scheu, seiner Liebe persönlich gegenüberzutreten, weil er dem Grund der Begegnung nicht recht trauen will. Trägt die Liebe?

Kosten-Nutzen-Prinzip: Kommt es hier wieder?

Nur wenn du alles kannst, dann bist du etwas wert?

„Wenn – dann". Kosten – Nutzen. Einsatz – Ertrag. Liebe?

Phil denkt, er muss sich verstecken und ein anderer sein, als er ist. Doch er hat sich verrechnet: Er begegnet einer Frau, die mit dem Herzen sieht.

Ohne dass wir sie sehen und wissen, wie es tatsächlich ausgeht, hoffen wir auf ein gutes Ende und vertrauen dabei auf diesen Raum der Liebe, den Grund, der uns trägt und die den anderen so nimmt, wie er oder sie ist.

Wir hoffen, dass das Leben und die Liebe gelingen.

Wir hoffen darauf, dass das Reich Gottes kommt und das alte Prinzip von Kosten und Nutzen, von „wenn und aber" aufhört.

Religiös gesprochen können wir diesen Raum auch „Gnade" nennen, weil wir angenommen sind ohne „wenn und aber", weil wir nichts leisten müssen, um zu sein.

„Das Reich Gottes ist unmittelbar nahe, kehrt um und traut dem Evangelium"

Traut der Kraft der Liebe, denn sie ist Gottes Kraft. Sie lehrt uns, anzunehmen und angenommen zu sein, so wie wir sind. Das gelingt nicht immer, wir wissen es, aber wenn es gelingt, ist das Reich Gottes auf Erden: Gnade und Wahrhaftigkeit und Würde und volles, unverbrüchliches Leben. *„Das Reich Gottes kommt"*, sagt Jesus. „Trachtet zuerst nach diesem Reich Gottes, alles andere wird euch zufallen."

LIED   WO MENSCHEN SICH VERGESSEN

Die Sehnsucht nach dem Glück und der Würde entsteht auch durch radikale Widersprüche:
Wir finden sie verdichtet in einer Badewanne.
Die eine steht im Haus des Superreichen Philippe. Sie steht frei im Raum und ist mit goldenen Armaturen bestückt. „Schöner Wohnen" ist nichts dagegen.
Dris badet in diesem Schein des Reichtums.
Zuvor badete er in seiner Wohnung, einem Sozialbau in einem der Pariser Vorortstädte. Hier leuchtet nichts golden, und die Badewanne steht auch fast frei, weil in der Enge der Wohnung nicht mal ein Mindestmaß an Intimität eingehalten werden kann.
„Meine Badewanne ist nicht deine Badewanne ... und mein Leben ist nicht dein Leben ...", schleudert Dris einmal Phil entgegen.

Der eine badet in Kunst – der andere in Armut.

„Wer sucht, der findet, und wer anklopft, dem wird aufgetan."
Dieser Satz stimmt in sozialen Fragen nicht!
Wie müssten sich Situationen ändern, dass dieser Satz wahr wird?

Der Film überspielt die sozialen Widersprüche mit scheinbarem Humor. Doch bei einigen Szenen bleibt einem das Lachen im Halse stecken:
     Als Phil sich in einem Museum ein Kunstwerk ansieht, isst Dris derweil ununterbrochen Schokoladendrops. Auf Philippes Bitte, auch einen zu bekommen, entgegnet der dunkelhäutige Vorstadtjunge Dris lächelnd: „Keine Arme,

keine Schokolade" – und fügt grinsend hinzu: „Schwarzer Humor eben ..."

Kein Geld – kein Essen. Keine Arbeit – kein Einkommen. Keine weiße Hautfarbe – keine Arbeit. Keine Arbeit – keine Schokolade!

Wer sucht, der findet nicht!

Es ist nicht witzig, wenn jemand, der seine Arme nicht bewegen kann, keine Schokolade bekommt.

Es ist nicht witzig, wenn die einen von Bildung und Arbeit und Wohlstand praktisch ausgeschlossen sind.

In einer weiteren Szene rasiert Dris den gelähmten Philippe. Dabei entsteht vorübergehend ein Hitler-Bart, ganz gegen den Willen des Rasierten. Dris findet das witzig. Doch Phil rastet aus: „Mach das weg, sofort!"

Ausgeliefert sein ist nicht witzig! Und mit Menschheitsverbrechen zu spaßen ... Für die Nazis waren Menschen mit Behinderungen „unwertes Leben". Es gibt Momente, da hört der Spaß auf.

Während sich die Stiefmutter und Tante von Dris mit dem nötigsten Einkauf der Woche mit öffentlichen Verkehrsmitteln nach Hause schleppt, jettet der andere in seinem Privatflugzeug nur zum Vergnügen über die Dächer von Paris. Die Armut und sozialen Spannungen der Trabantenstadt von Paris mit einer Arbeitslosigkeit von über 50 Prozent unter Jugendlichen stehen unvermittelt neben dem Reichtum der Oberschicht, die sich keinen Deut bewegen muss. Die einen kaufen ein Bild für 41.500 Euro, die anderen kratzen die letzten Geldstücke für die Ernährung der Kinder zusammen.

Der Film stellt die Welten nebeneinander. Doch die Rede von Glück und Würde fragt immer nach einem sozialen Ort, in und an dem beides gelingen kann. Wahr wird etwas an der Beziehung zwischen Dris und Phil.

Sie überwinden Grenzen und finden sich – und den anderen und mehr als das.

Wenn die Beziehung der beiden Grenzen überwinden kann und das im Bereich körperlicher Behinderungen gelingt, warum kommt dann nicht mehr Bewegung ins Spiel im Bereich der sozialen Behinderungen?

Hier verlassen wir den Bereich der Unterhaltung und fragen: Wo können und müssen wir nachlegen?

Der Mensch lebt nicht vom Brot allein, sondern auch von Kultur, Bildung, Schönheit, Tanz und der Gleichheit aller Glieder am Leib Christi.

Wann also hören soziale Benachteiligungen und Behinderungen auf?

Wann werden Schulen und Kindergärten zu Vorzeigeeinrichtungen der Gesellschaft?

Wann finden sich die besten Schulen in den schwierigsten Vierteln?

„Kehrt um", sagt Jesus, *„ändert euren Sinn! Trachtet zuerst nach dem Reich Gottes und seiner Gerechtigkeit, alles andere wird euch danach geschenkt werden. "*

Das Reich Gottes ist auch eine Gewinnbeteiligung am Reichtum der Gesellschaft für alle ihre Glieder. Das Reich Gottes ist auch eine Solidarität der Liebe, die man essen und trinken kann. Glück und Würde im Teilen von Brot und Wein. Jesus nahm einst den Kelch und sprach:

„Kommt und trinket alle daraus". *„Wer sucht, findet!"*
Amen! So soll es sein.

LIED   **WENN DAS BROT, DAS WIR TEILEN, ALS ROSE BLÜHT (EG RWL 667)**

***Fürbitten – Gebet** (frei nach einem Gebet von Dorothee Sölle)*

Im ersten Johannesbrief, Kapitel 3, Vers 2 heißt es:

> *„Wir sind schon Gottes Kinder, aber es ist noch nicht erschienen, was wir sein werden. Wir wissen aber: Wenn es erscheinen wird, werden wir ihm gleich sein."*

Lasst uns beten:

> ***Es ist noch nicht erschienen, was wir sein werden: Gott,***
> *der du uns besser kennst, als wir uns selber kennen:*
> *Wann wird es soweit sein? Wann werden wir sichtbar?*
> *Wann werden wir zu dem, was wir sind: ein vollgültiges Ebenbild von Dir, Gott. Schwestern und Brüder in deinem Reich, das unserer Erde zum Verwechseln ähnlich ist.*
> *Wann lernen wir, nicht mehr auf andere herabzusehen und sie mit Überheblichkeit zu erniedrigen?*
> *Wann lernen wir, uns so zu nehmen, wie wir sind: Zerbrechlich, unvollkommen und gegenseitig auf Hilfe angewiesen? Wann üben wir uns ein in die Solidarität der Liebe, die Grenzen überwindet und nach Heimat und Glück fragt – und nicht nach Vermögen und Leistung?*

> ***Es ist noch nicht erschienen, was wir sein werden: Gott,***
> *die du das Leben hervorbringst und Lachen:*
> *Wann wird es soweit sein? Wann werden wir sichtbar?*
> *Wann wird unser Mund voll Lachens sein und unsere Tränen Zeichen der Freude? Wann öffnen sich unsere Augen für die zwecklose Schönheit des Augenblicks. Wann lernen wir eine neue Ehrfurcht für das Leben und einen freien Blick, der Dinge und Menschen nicht bewertet, der nicht nach Nutzen und Leistung sortiert und zieloptimiert alles ins Visier nimmt?*
> *Wecke uns auf mit einer neuen Sehnsucht nach Spontaneität und Freiheit und Schönheit!*

Es ist noch nicht erschienen, was wir sein werden: Gott,
der du ruhen kannst von deinen Werken und Stille schaffst
und Raum zum Atmen:
Wann lernen wir eine neue Genügsamkeit, in der wir
unsere Sehnsucht nach Leben nicht durch Kaufen und
Habe befriedigen?
Wann lernen wir, den Dingen durch Beziehungen
Bedeutung zu geben?
Wann endlich stellen wir die Gleichheit aller Menschen
in den Vordergrund und ordnen Dinge und Reichtum
danach?

Es ist noch nicht erschienen, was wir sein werden: Gott,
die du gegenwärtig wirst im Teilen von Brot und Wein:
Wann wird man an unseren Handelsbeziehungen sehen:
Hier wohnen die neuen Menschen, die schwesterlichen und
brüderlichen?
Wann wird die Sonne der Gerechtigkeit über uns
aufgehen?
Wann erfüllt uns Dein Geist der Wahrheit und Liebe, Gott?
Wann werden wir sichtbar, Gott, als Töchter und Söhne in
deinem Reich?
Gott, Freundin der Menschen, Freund der Erde, komm
bald! Maranatha, beeile dich, mache dich sichtbar und
uns mit dir: Töchter und Söhne in deinem Reich – unserer
Mutter Erde!
Christus, werde gegenwärtig – wir brauchen dich!
Darum beten wir:

Vater unser

Kirche trifft Kino.4

27. Januar 2013

MUSIK   **Andreas Kaling** (Saxophone), **Joachim Fitzon** (Bass),
Bertold Becker (Piano), **Ruth M. Seiler** (Orgel).

"Ich bin ausgeschüttet wie Wasser, alle meine Knochen haben sich voneinander gelöst" **(Psalm 22, 15)**

Der Geschmack von Rost und Knochen
PREDIGT UND MUSIK ZUM FILM

Gnade sei mit Euch und Friede von dem, der da ist, der da war und der da sein wird. Amen.

Der Heidelberger Katechismus, das Bekenntnisdokument der reformierten Gemeinden in der ganzen Welt, wird in diesem Jahr 450 Jahre alt. Drei große Teile – sozusagen die drei großen Glaubens- und Lebensthemen – hat der „HK" folgendermaßen überschrieben: „Von des Menschen Elend", „Von des Menschen Erlösung", „Von des Menschen Dankbarkeit". Wir folgen dieser Systematik.

„Von des Menschen Elend"

„Der Geschmack von Rost und Knochen" erzählt eine Geschichte, die bei „des Menschen Elend" beginnt. Ein Vater, Ali, Mitte 20, und sein Sohn Sam treten eine Reise an. Sie besitzen nichts.

Keine gleichen Paar Schuhe, kein Essen. Nur die Kleider, die sie am Leib tragen. Sie sind in Frankreich mit dem Zug unterwegs nach Cannes zur Schwester des Vaters. Dort wollen sie unterkommen: Schlafen – essen ... Auf ihrer Reise suchen sie sich Essen aus Müllresten. Ali stiehlt das Notwendigste für die beiden zusammen.

Der Vater und der Sohn: Der Vater schlägt sich durchs Leben und muss jetzt seinen fünfjährigen Sohn mitnehmen. Für Ali heißt das: Sam ist ein Ballast am Bein, nicht auf dem Arm, höchstens auf dem Rücken – darum macht er sich auf zur Schwester.

Wir werden zu Zuschauern einer sozialen Not, die uns nicht zu betreffen scheint. Einer Lebensgeschichte, der wir zunächst wie einer Milieustudie folgen. Freunde von mir waren nach Weihnachten für eine Woche in Berlin. Das erste, was sie erzählten, war die große soziale Not, die ihnen begegnete: an U-Bahnhöfen, in Türeingängen und Fußgängerzonen. Gleichzeitig wird überall in der Stadt gebaut. Geld scheint im Überfluss da zu sein. Der Bau des neuen Flughafens ist den Menschen hier auf der Straße völlig egal, sie werden ihn nicht nutzen. Die Eintrittskarten in die Gesellschaft kosten Geld … und das wird – nur am Beispiel des Flughafens – nicht so verteilt, dass alle gleichermaßen davon profitieren.

Vater und Sohn in unserem Film benutzen den Zug und trampen. Sie sind arm. Nichts daran ist gut, als sie im Vorort des mondänen Cannes aussteigen, oder besser absteigen: Hinterhofleben bei der Schwester und ihrem Mann.

Der fünfjährige Sam fühlt sich eher zu den Hunden und den Hühnern zugehörig als zu den Menschen. Keine Fürsorge, keine Zärtlichkeit, keine Nähe, jedenfalls nicht zwischen den Menschen. Soziale Not und seelische Verarmung.

„Mein Gott, mein Gott, warum hast du mich verlassen. Du bist fern von meiner Rettung. Mein Gott, ich rufe bei Tag, doch du antwortest nicht, bei Nacht, doch ich finde keine Ruhe." (Psalm 22,2)

In diesem Beginn des Filmes ruft niemand. Die Not ist offensichtlich, aber die handelnden Personen rufen nicht. Sie fragen nicht, sie haben kein Ziel, sie wollen einfach irgendwie durchkommen und kämpfen ums tägliche Überleben – je auf ihre Art. Wie der kleine Junge. Versteckt und zurückgezogen im letzten Winkel des Hühnerstalls: „Ich bin verlassen und einsam."

CHORAL-JAZZ ZU EG 299
AUS TIEFER NOT SCHREI ICH ZU DIR
(Melodie 1524)

Von des Menschen Elend: Bevor sich zwischen Ali und Stephanie – der zweiten Hauptperson des Filmes – eine Liebesgeschichte entwickelt, wird uns – ganz anders – auch die Geschichte Stephanies erzählt.

Sie ist bildhübsch, lebt im Gegensatz zu Ali in Beziehungen – zu ihrem Freund, vielleicht unglücklich, aber immerhin – zu ihren Teamkolleginnen in der Dressur, zu den Tieren, Orcas, die groß, ungestüm und gewaltig sind und zugleich zärtlich und behutsam. Und sie lebt die Beziehung zum Wasser.

Als sie in dem großen Meeresvergnügungspark bei der Vorführung mit den Orcas durch einen Unfall ihre Beine verliert, scheint es, als verliere sie damit ebenfalls alle Beziehungen: die zu sich selbst – sie stürzt ab in eine Depression; die zu ihrem Team, die zu den Tieren und zum Meer.

„Ich bin ausgeschüttet wie Wasser, alle meine Knochen haben sich voneinander gelöst ...
Ich bin ein Wurm und kein Mensch, ein Spott der Leute und verachtet vom Volke. Alle, die mich sehen, verspotten mich, sperren das Maul auf und schütteln den Kopf."

Diese Verse aus Psalm 22 wirken wie ein innerliches Gebet Stephanies nach dem Unfall. Leise zwar, aber hörbar betet sie im Film ähnliches im Krankenhaus.

„Die Filme des Franzosen Jacques Audiard handeln von Händen, Armen und Beinen, Augen und Ohren, von den Körperteilen, die uns mit der Welt und mit anderen Menschen verbinden", so las ich in einer Filmkritik. (F.A.Z.-Filmkritik von Andreas Kilb, zit. nach: https://www.faz.net/aktuell/feuilleton/kino/video-filmkritiken/video-filmkritik-des-meeres-und-der-liebe-hoellen-12018505.html)

Aber: In diesem Film verbinden die Körperteile die Menschen zunächst nicht miteinander. Ali scheint mit niemandem verbunden. Er schlägt sich durch und hat sich einen Panzer zugelegt, der eisig alles abblitzen lässt. Ali ist triebgesteuert, duckt sich als Boxer, um den nächsten Schlag abzufangen und weiter auszuteilen. Er kennt keinen Schmerz und kein Mitgefühl.

Auch nicht für die Frau, Stephanie, die er vor ihrem Unfall als Türsteher einer Diskothek bereits beschützte und die ihre Beine jetzt bei dem Unfall verloren hat.

Die fehlenden Beine der einen stellen den größten Gegensatz zum durchtrainierten Körper des anderen dar. Die Beziehungsfähigkeit der einen steht gegen die Beziehungsunfähigkeit des anderen ...

In einer Szene des Films hat Ali Lust, im glitzernden, schönen Mittelmeer schwimmen zu gehen. Stephanie will nicht, sie will eigentlich noch nichts und niemanden. Ali stört es nicht, er geht schwimmen. Und dann, auf einmal, will sie doch. Ali trägt sie ins Wasser. Stephanie ist getragen, nicht nur von Ali, sondern von ihrem Urelement Wasser. Sie lässt sich vom Wasser tragen, beginnt zu kraulen, und wir spüren das Glück, das ihren Körper durchströmt.

In der Begegnung mit dem Wasser – diesem starken Urelement des Lebens – findet Stephanie ihre Lebensenergie wieder. Sie findet einen Weg zurück ins Leben: Zu den Begegnungen mit den Tieren, dem Team und zu Ali, den sie zu lieben beginnt. Doch Ali findet nicht den Weg zu lieben. Er scheint immer noch eingefroren zu sein. Sein Mitgefühl, seine Verantwortung und Fürsorgefähigkeit sind zu Eis gefroren. Ein Bedürfnis nach Nähe verwechselt er mit dem schnellen Sex, so bleibt er allein und lässt die anderen allein ...

"Von des Menschen Elend"

Vor 450 Jahren, der Entstehungszeit des Heidelberger Katechismus, hatte das Wort Elend eine andere Bedeutungsnuance. Es meinte nicht nur das Elend, die Not, sondern bedeutete Entfremdung von Gott:

Von des Menschen Entfremdung – ja, hier trifft es zu – Ali ist entfremdet von sich, seiner eigenen Mitte und damit auch von anderen. Er ist entfremdet, weil er die Heiligkeit des Lebens nicht spüren kann ...

Wasser und Entfremdung. Insel und Festland. Trennung und Sünde. Wie eine Insel, die getrennt ist durch einen Sund vom Festland, ist Ali getrennt von seinem Festland. Er lebt allein auf seiner Insel.

Sünde – das meint eigentlich nicht eine konkrete Tat, sondern eben diese Form von Elend, von Entfremdung, von Gottesferne; von der Ferne, lieben zu können und Liebe annehmen zu können.

Sünde – das ist wie etwas, das uns vom Festland trennt.

LIED   **DA WOHNT EIN SEHNEN TIEF IN UNS**

„Von des Menschen Erlösung"

Wo Elend ist, wächst die Sehnsucht nach Erlösung: Wann erlebt der Sohn von Ali einen zugänglichen, zärtlichen, behutsamen Vater? Wie gelingen Beziehungen und Mitgefühl? In der Bibel erzählt der Evangelist Markus (Kap. 10,13-16):

> *„Menschen brachten ihre Kinder zu Jesus, damit er sie anrühre. Die Jünger aber fuhren sie an."*

Zunächst scheint es hier – mit den Jüngern und Jesus – so zu sein wie dort in unserem Film: Im wirklichen Leben, im Kampf ums Dasein haben die Kinder keinen Raum – da ist keine Zärtlichkeit im Spiel, vielmehr harter Kampf.

Wie kriege ich mehr Kohle? Wie schlage ich mich am besten durch? Wie befriedige ich meine Bedürfnisse am Schnellsten? – Bloß keine Berührungen, keine Nähe zeigen, kein Mitleid, nicht mit mir selbst und nicht mit anderen.

> *„Als es aber Jesus sah, wurde er unwillig und sprach zu ihnen: Lasst die Kinder zu mir kommen und haltet sie nicht ab, denn Menschen wie ihnen gehört das Reich Gottes. Wahrlich, ich sage euch: Wer das Reich Gottes nicht empfängt wie ein Kind, der wird nicht hineinkommen. Und er drückte sie an sein Herz und berührte sie mit den Händen und segnete sie."*

Im Film kommt zunächst nicht die Beziehung zu dem Kind ins Bild, sondern ein anderer Beziehungsanfang. Weil Ali kein Mitleid kennt, kann er Stephanie ohne Vorbehalte begegnen und nimmt sie, wie sie ist. „Wenn ihr nicht werdet wie die Kinder": einfach, offen und unbefangen aufeinander zugehen.Es beginnt eine Liebesgeschichte zweier Menschen: Als das Kraftpaket Ali bei illegalen Boxkämpfen antritt und Stephanie ihn begleitet, sie zu seiner Managerin wird und für ihn die Wettgelder einstreicht, da kommt das Leben für kurze Zeit ins Gleichgewicht und nimmt die Farbe des

Glücks an. Der Film spielt mit einer Helligkeit, die vorher nicht da ist.

"Wenn ihr werdet wie die Kinder" – auf Berührungen und gegenseitige Unterstützung angewiesen, zur Freude und Ausgelassenheit fähig, zum Genießen von Glück im Augenblick – dann werdet ihr hineinkommen in dieses Gottesreich der Liebe. Das Glück ist nur von kurzer Dauer, weil es kein Ziel gibt, das beide teilen. Weil es immer noch darum geht, sich durchs Leben zu schlagen. Weil Ali immer noch in Entfremdung lebt – immer noch nicht mit sich im Reinen – und damit auch nicht in Beziehung zu seinem Sohn und allen anderen, kann er ihnen nicht mit Fürsorge und Mitgefühl begegnen.

‚Werden wie die Kinder', also: Vorbehaltloses Mitgefühl zeigen. Das schafft Ali nicht. Er denkt wie ein Boxer im Ring: Möglichst stark sein, gewinnen, keine Schwäche zeigen.

In einer anderen Szene im Markusevangelium fragt Jesus seine Freunde:

*„Was habt ihr auf dem Weg verhandelt? Sie aber
schweigen; denn sie hatten auf dem Weg miteinander
verhandelt, wer der Größte sei."* **(Markus 9,33-34)**

Wenn es im Leben darum geht, der Größte zu sein, koste es, wen und was es wolle, dann verlieren sich Beziehungen, dann kommt es zu keinen Berührungen des Herzens - und zu keinem Segen des Reiches Gottes.

„Jesus setzte sich und rief die Zwölf und sprach zu ihnen: Wenn jemand will der Erste sein, der soll der Letzte sein von allen und aller Diener.
Und er nahm ein Kind, stellte es mitten unter sie und drückte es an sein Herz und sprach zu ihnen:
Wer ein solches Kind in meinem Namen aufnimmt, der nimmt mich auf und wer mich aufnimmt, der nimmt nicht mich auf, sondern den, der mich gesandt hat."
(Markus 9,35-37)

Gott aufnehmen – hineinlassen. Gott: ein tiefes Wort für Empfindsamkeit, für Mitgefühl und Teilhabe am Leben anderer, ein Wort für die Liebe, die sich selbst und den anderen meint.

Die Liebesgeschichte kann nicht gelingen, solange sie nicht mit Solidarität und Verantwortungsgefühl gelebt wird. Solange aus Einzelkämpfern kein Team wird, kommen wir nicht hinein in dieses Reich Gottes – finden wir keinen Platz an dem Herzen Jesu.

Werden wie ein Kind – und das Kind aufnehmen in mir: Empfindsamkeit und Feinfühligkeit entwickeln. Gott hineinlassen. So schnell gelingt das im Leben nicht.

Im Film passiert das, was kommen muss: Am Ende eines glücklichen Tages und dem Gewinn eines Kampfes um den ersten Platz lässt Ali Stephanie um eines schnellen Sexes willen sitzen. Als wäre das nicht genug, führen die Überwachungskameras, die Ali in seinem Nebenjob als Wachmann gedankenlos auch in dem Supermarkt installiert hat, in dem seine Schwester arbeitet, zu der Entlassung der Schwester ... In Folge fliegt Ali aus der Wohnung der Schwester raus und landet in der Gosse.

Mitten in der Erlösung – sozusagen gleichzeitig – des Menschen Elend.

MUSIK **GOSPEL**
WADE IN THE WATER, CHILDREN

Der Film macht einen langen, halbjährigen Schnitt. Uns begegnet ein veränderter Ali. In einem Wintertrainingslager für Profi-Sportler sehen wir ihn innerlich aufgeräumt und sportlich gekleidet. Da ist einer, der offensichtlich ein Ziel hat und vom Einzelkämpfer zum Teamplayer geworden ist. Einer, der hart an sich arbeitet und etwas will. Und es begegnet uns ein Vater, der endlich Kontakt zu seinem Sohn hat, mit ihm lacht und kuschelt, einen Ausflug in den Schnee mit Schlittenfahrt unternimmt und auf einem zugefrorenen See rumtollt.

Aber: So leicht ist das Glück nicht zu haben. Der Junge bricht in einem unbeobachteten Moment ins Eis ein und verschwindet unter der Eisoberfläche.

Sein Vater wird – wieder –zum Tier. Aber diesmal um der Beziehung willen. Es kommt zu einem unvergesslichen Bild des Films: ein Mann, der mit bloßen Fäusten auf eine Eisfläche trommelt. Darunter, im Wasser, treibt sein Kind. Der Mann weiß, dass er sich die Fingerknochen brechen und seine Karriere als Profiboxer ruinieren wird, aber er schlägt trotzdem weiter. Bis das Eis zerbricht. Sam wird gerettet.

Ein Bild, das nachgeht, weil sich da einer durch seinen Eispanzer boxt und Verantwortung übernimmt, Mitgefühl zeigt, Nähe geben will und uneigennützig für andere eintritt:

"Wenn jemand der Erste sein will, diene er dem anderen."
sagt Jesus.

Hier – jetzt endlich und fast am Schluss des Films, sehen wir einen verletzten und zugleich verletzlichen Vater in einer Beziehung. Einer, der sein Kind an sein Herz drücken will –

und Gott aufnimmt als hingebende Liebe. Als einer, der alles verliert, um das eine zu gewinnen.

Bildschnitt: Im Krankenhaus. Einbandagierte Männerhände, die ganz vorsichtig und zärtlich Kontakt zu Kinderhänden suchen. Das Eis ist gebrochen. Ein Handy klingelt. Es ist Stephanie. Sie meldet sich. Ali merkt, dass er sie braucht. Er spürt sich selbst und seine Beziehung zu anderen. Das Eis ist gebrochen. Endlich! Mit der Begegnung zu seinem Sohn beginnt eine Liebensfähigkeit zu Stephanie ...

> *„Lass dir an meiner Gnade genügen, denn meine Kraft kommt in Schwachheit zur Vollendung."* – das hört der Apostel Paulus als inneres Jesuswort. *(2. Korinther 12,9)*

„Von des Menschen Erlösung" heißt, Veränderungen zuzulassen. An sich. Mit anderen.

Wir erleben eine Hauptfigur in einem Veränderungsprozess. Aus den vermeintlichen Schwächen des Protagonisten entwickelt sich etwas: Die Schwächen werden im Leben zu Stärken.

Mangelndes Mitgefühl: Aus Mangel an Empathie gelingt Ali eine Wertschätzung der Person Stephanies, so wie sie ist. Dadurch entsteht die erste Nähe des Filmes: Zwei, die sich vorbehaltlos begegnen und sich mögen, ohne es sich einzugestehen.

Härte: Er, der sich allein durchboxen muss und dabei keine Schmerzen kennt, boxt sich am Ende – ohne Selbstmitleid und Schmerzgefühl – zu seinem Kind durch. Das Eis bricht.

Von des Menschen Erlösung, das heißt auch: angenommen sein. Schwächen zulassen. Wertschätzung.

"Lass dir an meiner Gnade genügen, denn meine Kraft kommt in Schwachheit zur Vollendung."
"Wenn ihr werdet wie die Kinder, dann werdet ihr

hineingelangen in das Reich Gottes", – das Reich der glücklichen Beziehungen, der geteilten Liebe.

„Von des Menschen Dankbarkeit"

Der dritte und letzte Teil des Heidelberger Katechismus stellt Fragen, gibt Antworten darauf, wie gelingendes Leben aussehen kann. Es liegt an mir, an uns, dass dieses neue Leben anbrechen kann. Vor 450 Jahren hieß das: „Im Absterben des alten und im Auferstehen des neuen Menschen" (HK 88). Schneller als Ali hat Stephanie diesen Aufbruch in ein neues Leben für sich akzeptiert.

Ali braucht Zeit, um seinen Panzer abzulegen, abzusterben und neu zu entdecken: die Liebe zu seinem Kind, zu Stephanie, zu sich selbst.

Im Kino erleben wir als Happy End ein offenes Ende. Mit bandagierten Händen sehen wir den erfolgreichen Boxer Ali in der teuren Hotel-Lobby vor der sich drehenden Glastür. Draußen warten Stephanie und sein Sohn. Wie es in dieser Geschichte weitergeht – das passiert in den Köpfen der Zuschauer.

Wie geht es weiter – nicht im Film, sondern im echten Leben?

Der Apostel Paulus schreibt vor 2000 Jahren in einem ersten Brief an die Gemeinde in Korinth, Kapitel 13:

Die Liebe kommt niemals zu Fall.
Stückwerk ist unser Erkennen.
Wenn aber das Vollkommene kommt, dann wird
zunichte werden, was Stückwerk ist.
Als ich ein Kind war, redete ich wie ein Kind, dachte
wie ein Kind, überlegte wie ein Kind.
Als ich aber erwachsen war, hatte ich das Wesen
des Kindes abgelegt.
Jetzt sehen wir alles in einem Spiegel, in rätselhafter
Gestalt,

dann aber von Angesicht zu Angesicht.
Jetzt ist mein Erkennen Stückwerk,
dann aber werde ich ganz erkennen, wie ich auch ganz
erkannt bin.
Nun aber bleiben Glaube, Hoffnung, Liebe, diese drei.
Die größte unter ihnen aber ist die Liebe.

(1.Korinther 13, 8-13)

Amen

Fürbittengebet

Gott,
du unser Gegenüber,
wir kommen zu dir, so wie wir sind, mit unseren körper-
lichen und seelischen Stärken und Schwächen ... In dir sind
wir gerecht. Du richtest uns auf. Du lässt uns erahnen,
wer wir sind und was noch werden kann miteinander.
Darum stärke unsere Sehnsucht nach Schönheit und
Aufrichtigkeit. Stärke unsere Stimmen und unser Rufen
nach sozialer Gerechtigkeit und Lebensteilhabe!

Gott,
du Grund unseren Lebens,
in dir sind wir gegründet und finden einen sicheren Stand.
Schenke uns einen aufrechten Gang, indem wir zu dem
stehen, was wir sind. Mit dem wir uns nicht unterkriegen
lassen, wenn es mal hart kommt. Und es kommt zuweilen
hart, Gott!
Schenke uns den aufrechten Gang, damit wir niemanden
klein machen müssen, um selber groß dazustehen, damit
wir uns nicht selber ducken müssen, um anschließend
besser austeilen zu können. Schenke uns den aufrechten
Gang, damit wir einander offen und frei begegnen können.

Gott,
***du Mitte unseres Lebens, du Kind in der Krippe**,*
schenke uns, dich aufzunehmen – dich, Kind Gottes,
mich und uns, uns alle.
Schenke uns deine innere Mitte, lehre uns die Behut-
samkeit der Geduld mit uns selbst und anderen.
Wir bitten dich für die Kinder überall in der Welt, dass ihre
Hoffnungen und ihre Zuversicht nicht enttäuscht werden
und dass wir ihren Ruf zu Sanftheit und Zärtlichkeit nicht
überhören. Es ist, Gott, auch unser Ruf.

Gott,
du Liebe allen Lebens
Wir bitten dich für unsere Beziehungen, für Ehepartner,
Familien und andere Lebensgemeinschaften, dass wir
Freundlichkeit und Offenheit ausstrahlen, dass wir
Konflikte bewältigen mit Vergebung, dass wir nicht
gegenseitig aufrechnen Leistungen und Schuld.

Wir bitten dich nicht nur für unser privates Zusammen-
leben: Auch politisch soll gelten, was wir privat in unserem
Leben erwarten: Gewaltfreiheit, kulturelle und soziale
Teilhabe, Überwindung körperlicher Benachteiligungen
und eine Kultur der Freundlichkeit und des Friedens…

Gott,
du Menschenbruder,
wir leihen uns die Worte Jesu und beten, wie er es uns
gelehrt hat…

27. Januar 2013

MUSIK   **Andreas Kaling** (Saxophone), **Joachim Fitzon** (Bass),
Bertold Becker (Piano), **Ruth M. Seiler** (Orgel).

„Seid fröhlich in Hoffnung, geduldig in Trübsal,
beharrlich im Gebet." **(Römer 12,12)**

Meine Schwestern

PREDIGT UND MUSIK ZUM FILM

Psalmgebet

Psalm 39

1. Ich wollte schweigen, hatte ich gedacht,
nicht sagen, was mich schuldig macht.
Ich hütete und zäumte meinen Mund,
tat keinem meine Klage kund.
Denn niemand sollte meine Nöte spürn, kein
Gottesleugner triumphiern.

2. So mühte ich mich, stark und still zu sein,
und fraß mein Leid in mich hinein.
Doch innen drängte sich die Angst, der Schmerz,
wie Feuer brannte mir das Herz.
Da konnte ich nicht mehr und brach mit mir.
Ich musste reden, HERR, vor dir.

3. HERR, zeige mir, wie kurz mein Leben ist,
dass es nur eine Handbreit misst.
Mach mir bewusst, dass ich vergänglich bin.
Ein Weilchen nur, ich muss dahin.
Und steht er fest, als ob er sicher wär,
ein Hauch ist jeder Mensch, nicht mehr.

4. Der Mensch lebt wie ein Traum- und Schattenbild
und ist von Unruhe erfüllt.
Er lärmt um nichts, er sammelt unbeirrt
und weiß nicht, wer es kriegen wird.

Was ist mein Trost, und worauf hoffe ich?
Ich hoffe, HERR, allein auf dich.

7. Lass es genug sein nun, hör mein Gebet!
Gib, dass die Plage von mir geht.
Vernimm mein Rufen, HERR, und schweige nicht
zu meinen Tränen im Gesicht.
Ich bin wie meine Väter Gast bei dir
und Wandrer nur auf Erden hier.

8. Als einem, der auf deine Güte zählt,
nimm mir den Druck weg, der mich quält.
HERR, sieh mich Armen wieder freundlich an,
dass ich befreit aufatmen kann.
Sei du mein Trost, gib meinem Leben Sinn,
bevor ich Staub und Asche bin.

Melodie: Genf 1551, Text: Detlev Block 1990

(Aus: Der Psalter. Gesangbuch der Evangelisch-reformierten Kirche)

„Seid fröhlich in Hoffnung, geduldig in Trübsal,
beharrlich im Gebet." **(Römer 12,12)**

Gnade sei mit Euch und Friede von dem, der da ist, der da war und der da sein wird. Amen

Liebe Schwestern und Brüder!

„Mit 17 Jahren habe ich ein Zitat gelesen, das ungefähr so lautete: ‚Wenn du jeden Tag so lebst, als sei es dein letzter, wirst du mit großer Sicherheit eines Tages etwas richtig machen.' Es hat großen Eindruck auf mich gemacht, und seitdem, für die letzten 33 Jahre, habe ich jeden Morgen in den Spiegel geschaut und mich gefragt: ‚Wenn heute der letzte Tag meines Lebens wäre, würde ich das tun wollen, was ich für heute geplant habe?' Und jedes Mal, wenn die Antwort zu viele Tage hintereinander ‚Nein' war, wusste ich, dass ich etwas ändern musste.

Mir ins Gedächtnis zu rufen, dass ich bald sterbe, ist mein wichtigstes Hilfsmittel, um weitreichende Entscheidungen zu treffen. Fast alles – alle Erwartungen von außen, aller Stolz, alle Angst vor Peinlichkeit oder Versagen – das alles fällt im Angesicht des Todes einfach ab. Nur das, was wirklich zählt, bleibt. Sich daran zu erinnern, dass man eines Tages sterben wird, ist in meinen Augen der beste Weg, um nicht zu denken, man hätte etwas zu verlieren. Man ist bereits nackt. Es gibt keinen Grund, nicht dem Ruf des Herzens zu folgen." (Ausschnitte der Ansprache Steve Jobs´ anlässlich einer Diplomverleihung an Studierende der US-Eliteuniversität Stanford 2005. Im Original findet sich die Rede unter: https://news.stanford.edu/2005/06/14/jobs-061505/)

Dieses Zitat ist von Steve Jobs, dem Mitbegründer von Apple, einer der innovativsten Computerfirmen der Welt.

Im Film „Meine Schwestern" hat Linda einen angeborenen Herzfehler. Die Ärzte gaben ihr bei der Erst-Diagnose nach der Geburt nur noch drei Monate Lebenszeit; daraus wurden mittlerweile 30 Jahre. Doch in wenigen Tagen steht eine weitere Operation an und Linda fühlt, dass es diesmal die letzte sein wird: Sie ist des Kämpfens müde.

Linda wacht auf – und hat eine Sehnsucht: Sie will ihr letztes Wochenende mit ihren Schwestern verbringen. Sie beschließt, dem Ruf des Herzens zu folgen: Also steht sie auf, früh morgens, noch bevor die Sonne aufgeht – zu der Zeit, als die Frauen nach der Kreuzigung Jesu sich aufmachen und die Auferstehung erfahren – und fährt zu ihrer wesentlich jüngeren Schwester Clara nach Hamburg. Zusammen überfallen sie die dauergestresste, streng organisierte und familiär mit drei Kindern eingebundene ältere Katharina und bearbeiten sie so lange, bis auch sie schließlich nachgibt. („Sie hat einen weichen Kern, und bis zu dem muss man sich manchmal durchboxen. Wenn sie einen durch die harte Hülle lässt, dann ist es eigentlich sehr schön ...")

Gemeinsam reisen sie nach Tating an der Nordsee, wo sie in der Kindheit immer den Familienurlaub verbrachten. Es wird eine wilde Nacht – mit den alten Freundinnen und Freunden des Dorfes.

Die jüngere Schwester steht etwas abseits dabei – sie ist zu jung für die alten Freundschaften ihrer Schwestern mit der damaligen Jugend des Dorfes.

Sie, Clara, steht auch in anderen Dingen abseits. Am liebsten würde sie nach Paris gehen. Sie phantasiert von einem Studium dort – und der Nähe zu ihrer Lieblingstante Leonie, die mitten in Paris lebt.

Einmal etwas Verrücktes tun im Leben – dazu bleibt Linda nicht mehr viel Zeit, weil sie vor der Bäckerei des Dorfes umkippt wie ein Stein. Die Schwestern finden einen Raum zum Ausruhen in der angrenzenden Kirche. Dort, bei Toccata und Fuge D-Moll von J. S. Bach, kommen die Lebensgeister wieder und sie entschließen sich spontan zu einem Paris-Trip.

Alle fahren hin – Kleingeld für die Unternehmungen scheint ihnen nicht zu fehlen. Dort angekommen, schleppt sich Linda mit allerletzter Kraft ins Hotelzimmer, mehr gezogen als gegangen. Sie hört schon die Engel singen – bildlich dargestellt durch die Deckenbemalung ihres Zimmers. Doch ihre Lebensspontaneität zahlt sich aus. Sie entrinnt dem Tod und, von neuem aufgestanden, brechen sie auf, um ein Fest bei der Lieblingstante mitzufeiern. Brot und Wein miteinander teilen – das letzte Abendmahl.

„Das Leben ist ein Fest" – aber die Party will nicht so recht gelingen, denn Linda fühlt sich einsam in ihrer Sehnsucht nach echter, wahrer Begegnung, in der sie sich und ihre Todesahnung mitteilen kann. Sie wirft sich ihrem Onkel an den Hals, flieht beschämt auf die Straße und begegnet einer Straßenfrau, dem glatten Gegenteil der feinen Gesellschaft der Feier. – Rollenwechsel: Ohne Sprache findet sie hier Nähe, die sie bei der Party vermisste.

Die einfache – in schwarz gekleidete Frau – führt Linda Treppe für Treppe hinauf – immer höher, bis ihr die Luft ausgeht. Am Ende – zwischendrin mehr tot als lebendig – findet sie sich einsam und allein wieder in einer Kirche, endlich ein Ort tiefer Begegnung. „Ich glaube an Gott", sagt sie.

„Leben wir, so leben wir in Gott, sterben wir, so sterben wir in Gott. Ob wir leben oder sterben, wir sind in Gott", sagt der Apostel Paulus. Mit anderen Worten: Ich bin in Begegnung, in Liebe eingehüllt.

CHORAL-JAZZ   ZU EG 351, 1,7-9 (als Salsa gespielt)
IST GOTT FÜR MICH, SO TRETE

Heilende Begegnung: Auf der Rückfahrt von Paris begegnen sich im Zug die älteste und die jüngste Schwester. Sie sitzen nebeneinander, ohne dass die Mittlere dazwischenkommt.

Linda, die Todgeweihte, kann endlich allein auf einem Platz sitzen, den Schwestern gegenüber: Denn – und damit endet der Film – für sie geht es vom Zug ins Krankenhaus. Dort angekommen, erleben wir das Einchecken fast wie im Flughafen. Nachdem sie ihre Sachen – wie bei der Boarding-Control eines Airports – abgelegt hat, geht sie und hebt ab – und

ist am Ende dort, wo der Film beginnt. Gestorben; abgehoben; und zugleich aufgehoben.

Der Film erzählt das volle Leben dieser drei Schwestern. Im Zentrum der Geschichte steht die mittlere Schwester Linda. Sie ist die Starke, die alles zusammenhält und das Leben feiern will – trotz oder gerade wegen des nahen Endes. „Weil alle immer Angst hatten, ich würde gleich sterben, blieb für mich gar keine Angst mehr übrig". Stark und gefasst und lebenshungrig lebt sie bis zum Schluss. Sie findet zwischendrin immer wieder Halt in der Kirche: in Musik und Stille und Gebet. Der Film beginnt eigentlich in einer Kirche. Wir hören Linda singen:

„Hör mein Gebet und lass zu dir; ach, Herr Gott, kommen mein Geschrei; verbirg dein Antlitz nicht vor mir; in Not dein Ohren zu mir neig; wenn ich anruf', bald mich erhör; denn meine Tag vergangen sind." (Heinrich Schütz, Psalm 102)

> *„Seid fröhlich in Hoffnung, geduldig in Trübsal, beharrlich im Gebet."* **(Römer 12,12)**

Der Film ist kein trauriger Film, er ist nicht düster und schwer, denn er feiert das Leben und setzt sich in vielen kleinen Symbolen mit der Frage des Lebens angesichts des

Todes auseinander: Welcher Grund trägt mich, woher nehme ich Kraft und Mut, und wie will ich leben angesichts des nahen Endes: Was ist mein Traum? Was hält mich? Was sind meine unerledigten Aufgaben, die noch zu tun sind, damit ich in Frieden bleiben und gehen kann? Wen will ich um mich wissen? Wem fühle ich mich verbunden?

Verbinden wir den Film mit der Passionserzählung Jesu, so finden sich viele Symbole und weltliche Entsprechungen. Die erste Filmeinstellung konfrontiert uns mit der Fratze des Teufels – als Bild auf dem tätowierten Unterarmes eines Pflegers, der Lindas Leiche in den Kühlraum schiebt.

Im Tod zeigt sich – symbolisch gesprochen – die Fratze des Teufels: Du musst sterben, lacht er! Aber: Nimmt das Sterben Linda ihren Lebensmut und Einklang mit ihrer Situation? Oder raubt es ihr die Liebe zu ihren Schwestern und das Verständnis für ihren Mann? Nein!

Dreimal finden sich die Protagonisten in einem Kirchenraum wieder. Kirchenräume symbolisieren Lebensgeschichten: woher ich komme und wohin ich gehe. Sie verdichten dieses Gefühl von Aufgehobenheit und Verbundenheit mit dem Grund des Lebens. Diese Verbundenheit mit dem Leben, mehr noch, mit dem Grund des Lebens macht die Protagonistin so stark:

Tod, wo ist dein Stachel – Hölle, wo ist dein Sieg?
(1. Korinther 15,55)

Linda sucht vor ihrem Lebensende – so wie Jesus – die Nähe zu ihren Weggefährtinnen. Alle drei feiern in Paris auf dem Fest der Lieblingstante gleichsam das letzte Abendmahl. Linda zieht sich zurück – wie Jesus im Garten Gethsemane – und begegnet einer rätselhaften Schwarzen. Augenblicke zwischen Tod und Leben – und zwischen Teufel und Engel.

„Mein Vater, nimm diesen Kelch von mir – doch nicht mein Wille geschehe, sondern deiner." **(Markus 14,36)**

Die Weggefährtinnen Lindas, die Schwestern und Tante und Onkel, suchen Linda und finden sie beim Beten in der Kirche. „Bleibet hier und wachet mit mir, wachet und betet." Die Suchenden sind in der Situation irritiert und verstehen nicht, was Linda macht.

„Glaubst du an Gott?", fragt sie ihren Onkel. ‚Wachst du mit mir – kannst du mir nahe sein, du, der du mich am ehesten verstehen könntest?' Ihr Onkel glaubt nicht – stattdessen traut er eher dem materiellen Wohlstand als dem spirituellen Reichtum.

Linda findet Trost und Halt in den spirituellen Bildern, in Christus, dem Gekreuzigten an ihrer Seite, der auferstanden ist und zur Himmelfahrt schreitet. Ihr Gebet scheint sie zu verbinden mit diesem vollen Leben: leben – lieben – träumen – kämpfen – sich mühen – sterben – aufstehen und sich nicht unterkriegen lassen – auffahren in den Himmel – d.h. mit Gott verbunden sein: „wie im Himmel, so auf Erden".

 **CHORAL-JAZZ ZU EG 344** (Melodie vor 1396)
VATER UNSER IM HIMMELREICH

Religiöse Bilder und der Film: Nach dem Gebet in der Kirche wäscht Katharina, die älteste der drei Schwestern, ihre Schwester Linda in einer Badewanne. Sie schrubbt ihren Rücken. Es wirkt wie die letzte Ölung vor dem Abgang. Linda – die vermittelnde Mittlere – gibt dabei der Älteren einen Ratschlag mit auf den Weg: „Pass auf deine Kinder auf – und auf die jüngste Schwester!"

Die jüngste Schwester: Im Film ist eigentlich sie die Schwächste: Sie bekommt ihr Studium nicht auf die Reihe: ja, das ganze Leben scheint ihr – wie die (Un-)Ordnung in ihrer Wohnung – zu entgleiten.

In Paris, als sich alles auf ihre todkranke Schwester konzentriert, verliert sie die Orientierung und fällt ..., und in vielen Begegnungen steht sie abseits und wird von ihrer ältesten Schwester gegängelt, als wäre sie noch ein Kind. Das Leben und die Schwere der Erkrankung Lindas sollten von ihr ferngehalten werden. Aber, wenn man nicht ausspricht, was eigentlich das Leben bestimmt, weil man es ja nur gut meint, werden die Begegnungen unecht und es entsteht Einsamkeit. Lebenszuversicht und Mut schwinden. Die Jüngste ist wirklich krank, sie trägt das Schwere wie einen Schatten, weil sie immer nur das Licht sehen sollte. Eine schöne Wendung im Film ist die Veränderung in der Beziehung der drei Schwestern. Ein alter Kreislauf wird durchbrochen. Am Ende wirkt die Jüngste, Clara, mutig genug, in Paris, der Stadt ihrer Träume und der Lieblingstante, neu zu beginnen. Clara und Katharina begegnen sich auf Augenhöhe. Und Linda darf gehen – sie muss nicht mehr vermitteln.

„Pass auf deine jüngste Schwester auf!" – Nein, bitte nicht! – Viel wichtiger ist es, alte Rollenmuster zu durchbrechen. Für alle drei gilt das.

Der Ältesten könnten wir zurufen: „Lass deine Schwestern frei, stelle dich hinter sie, nicht vor sie! Verändere mal deine Rolle, probiere mal die Rolle der anderen. Pass nicht auf, sondern lebe, lass locker. Es geht auch ohne dich, deine Schwestern können selbst auf sich aufpassen."

Und der Mittleren könnten wir sagen: „Probiere mal, nicht immer die Vermittlerin zu sein. Du brauchst nicht zu beschwichtigen und zu versöhnen. Die anderen schaffen das schon alleine."

Die beiden Älteren könnten lernen, dass sie auch schon mal verzichtbar sind. Und die Jüngste könnte einen Schritt nach vorne gehen und auf eine andere Art lernen, sich einzubringen und unverzichtbar zu machen.

„Meine Schwestern". Alle drei sind in unterschiedlichen Lebenswelten zuhause. Mit unterschiedlichen Lebensentwürfen und Familienkonstellationen. So verschieden wie die Lebensentwürfe der meisten von uns heute morgen hier in der Kirche. Alle – alle drei Schwestern – durchbrechen auch alte Rollenmuster.

Rollenwechsel: Der Film erinnert uns daran, wie schön und freimachend es ist, wenn wir uns zuweilen einen Rollenwechsel gestatten:

> *Die Ersten könnten die Letzten sein und die Letzten die Ersten (Matthäus 20,16).*
> *Wer herrschen will, könnte dienen (Markus 10,45).*
> *Wer neidisch ist, könnte den Neid verlieren (Matthäus 20,14f).*
> *Die Bösen könnten zu Guten werden und wer seinen Feind hasst, der könnte beginnen, sich in ihn hineinzudenken (Matthäus 5,43ff).*

Nicht jeder Rollenwechsel ist ein Austausch der Rollen. Manche Rollen dürfen sich getrost verlieren und andere gilt es zu suchen. *„Wer suchet, der findet, und wer anklopft, dem wird aufgetan."*

Noch drei Bemerkungen zum Schluss:
Erstens: Linda überfällt in dem Film ihre Schwestern und bittet sie um das letzte Wochenende ihres Lebens. Ist es berechtigt, sich in einer besonderen Situation so in den Vordergrund zu spielen und die anderen zur Erfüllung eigener Wünsche zu nötigen? Mir gefällt, dass Linda nicht ihre Schwestern um sich als Mittelpunkt tanzen sehen will, sondern dass sie mit ihnen teilen will: ihr Leben und Tanz und Leichtigkeit und Schönheit. Ihre Tasche trägt sie meistens selbst, und Mitleid lehnt sie ab. Jede hat das Ihre zu tragen, gerade darum gilt es, das Leben zu teilen.

Ein Zweites: Wie gelingen Rollenwechsel? Wie gelingt es, nicht an dem Alten zu klammern, sondern sich und andere freizugeben und das Leben leichter zu nehmen? Vielleicht gerade dann, wenn wir einfach etwas anderes in den Mittelpunkt stellen und uns selbst nicht so wichtig nehmen:

„Trachtet zuerst nach dem Reich Gottes und seiner Gerechtigkeit, so wird euch alles andere dazugegeben" **(Matthäus 6,33)**, sagt Jesus – und das Reich Gottes ist verwandt mit der Schönheit des Lebens und mit der Freiheit eines neuen Seins.

Ein letzter Gedanke: *„Seid fröhlich in Hoffnung, geduldig in Trübsal, beharrlich im Gebet."* **(Römer 12,12)** „Hoffnung", „Geduld" und „Beharrlichkeit" brauchen wir, damit ein glückliches, erfülltes Leben miteinander gelingt und mehr von dem Reich Gottes Wirklichkeit wird. Vielleicht ist Beten ja auch eine Lebenshaltung, in der ich „mehr als alles" erwarte? Vielleicht meint Beten: die Dinge, das Leben, den anderen und mich selbst mit Gott verbinden? Vielleicht heißt Beten: die Schönheit der Welt herbeisehnen, gerade weil unser Leben begrenzt ist?

„Bleibet hier, und wachet mit mir, wachet und betet." Zuweilen betet es aus uns heraus, ohne dass wir irgendetwas dazu tun müssen, denn *„Gottes Geist hilft unserer Schwachheit auf. Denn wir wissen nicht, was wir beten sollen und wie es sich gebührt, sondern der Geist selbst vertritt uns mit unaussprechlichem Seufzen."* **(Römer 8,26)**

Amen

JOHANN SEBASTIAN BACH (1685-1750)
VATER UNSER IM HIMMELREICH
Choral aus BWV 90

und

VATER UNSER IM HIMMELREICH
ALIO MODO. MANUALITER
BWV 683 (aus dem Dritten Theil der Clavierübung)

Der Film läuft im lichtwerk IM RAVENSBERGER PARK

MONSIEUR CLAUDE
UND SEINE TÖCHTER

Kirche trifft Kino.7

17. August 2014

MUSIK   **Andreas Kaling** (Saxophone), **Joachim Fitzon** (Bass),
Bertold Becker (Piano), **Ruth M. Seiler** (Orgel).

„Nicht alle, die zu mir sagen: Herr, Herr! werden in das Himmelreich kommen, sondern die den Willen meines Vaters im Himmel tun." (Matthäus 7,21)

Monsieur Claude und seine Töchter

PREDIGT UND MUSIK ZUM FILM

Liebe Gemeinde,

wenn Sie schon lange in Deutschland leben sollten und noch nicht die deutsche Staatsbürgerschaft haben, dann können Sie diese beantragen. Doch das ist nicht ganz so einfach wie gedacht.

Zunächst kostet die ganze Angelegenheit Geld, denn Geld ist die Eintrittskarte ins deutsche Land. Anschließend haben Sie einen Einbürgerungstest zu absolvieren. Unter anderem sollten Sie auf diese Frage vorbereitet sein:
In der DDR lebten vor allem Migranten aus:
1. Vietnam, Polen, Mosambik.
2. Frankreich, Rumänien, Somalia.
3. Chile, Ungarn, Simbabwe.
4. Nordkorea, Mexiko, Ägypten.
Wüssten Sie die richtige Antwort?

Dass Sie den Text der deutschen Nationalhymne auswendig können sollten, versteht sich von selbst.

Haben Sie es dann geschafft, deutscher Staatsbürger zu werden, stellt sich die Frage: Kann Ihnen die deutsche Staatsbürgerschaft wieder aberkannt werden? Zum Beispiel dann, wenn sie sich nicht demokratisch verhalten oder Straftaten begehen oder gar zu terroristischer Gesinnung neigen?

Als ich am Montag die Tageszeitung aufschlage, lese ich von einem Vorschlag, Deutschen mit Migrationshintergrund und islamistischer Gesinnung die deutsche Staatsbürgerschaft zu entziehen. Ich bin entsetzt. Die Folge wäre, dass mit Aberkennung der deutschen Staatsbürgerschaft Deutschland recht schnell wieder „gesäubert" werden könnte von denen, die hier nicht ins Bild passen.

Ich lese etwas davon, dass die Bundesregierung Sprachnachweise verlangt, wenn jemand zu seinem türkischen Ehepartner nach Deutschland ziehen will. Dies soll auch für andere Nationalitäten gelten.

Eine Pkw-Maut für ausländische Autofahrer soll eingeführt werden. Deutsche sollen davon nicht belastet werden, heißt es.

„Ich bin Gaullist", sagt Monsieur Claude, die Titelfigur unseres Films: „Ich bin nicht rechts. Ich bin die Mitte Frankreichs. Wenn mich jemand rechts nennt, versteht er nichts von Frankreich."

Heute vertritt ein Teil des Parteienbündnisses, dem auch der ehemalige Präsident Nicolas Sarkozy angehört, die Idee des Gaullismus.

‚Natürlich, der Gaullismus ist grundsätzlich konservativ, in der Regel gemäßigt rechts, sehr patriotisch und natürlich stehen wir der europäischen Integration wohlwollend gegenüber. Wir schätzen unsere sozialen und kulturellen Traditionen, andererseits sind wir der Wirtschaft gegenüber aufgeschlossen. Ich bin Gaullist. Und ich bin nicht rechts, auch nicht ausländerfeindlich, aber natürlich weltoffen!' So könnte er reden, unser Monsieur Claude.

Lukasevangelium 18, 9-14

„Jesus sagte aber zu einigen, die sich anmaßten, fromm zu sein, und die andern verachteten, dies Gleichnis:
Es gingen zwei Menschen hinauf in den Tempel, um zu beten, der eine ein Pharisäer, der andere ein Zöllner.
Der Pharisäer stand für sich und betete so: Ich danke dir, Gott, dass ich nicht bin wie die andern Leute, Räuber, Betrüger, Ehebrecher oder auch wie dieser Zöllner.

Ich faste zweimal in der Woche und gebe den Zehnten von allem, was ich einnehme.

Der Zöllner aber stand ferne, wollte auch die Augen nicht aufheben zum Himmel, sondern schlug an seine Brust und sprach: Gott, sei mir Sünder gnädig!

Ich sage euch: Dieser ging gerechtfertigt hinab in sein Haus, nicht jener. Denn wer sich selbst erhöht, der wird erniedrigt werden; und wer sich selbst erniedrigt, der wird erhöht werden."

Das wohlhabende Ehepaar Claude und Marie Verneuil hat vier Töchter. Eine nach der anderen heiratet: Eine einen Franzosen chinesischer Abstammung. Eine weitere einen Franzosen arabischer Herkunft, die Dritte einen Franzosen jüdischen Glaubens. Die Jüngste ist unverheiratet und ohne Partner/Partnerin.

Der Film erzählt in seinen ersten Szenen, wie geschockt die Eltern über die Hochzeiten ihrer Töchter sind. Denn keiner ihrer Schwiegersöhne ist in ihren Augen ein angemessener Partner.

Man kommt schließlich aus einem ehrenwerten Haus: Ein echter Franzose hat keinen Migrationshintergrund, kennt die Nationalhymne, ist aus Sicht der Mutter katholisch und aus der des Vaters Ökonom oder Jurist in gehobener Stellung.

Na gut, so könnte man als Filmbetrachter schmunzeln: Der Chinese ist ein Ökonom, der Araber ist ein Jurist und der Jude ist – kein Zahnarzt (das ist seine Frau) und kein Banker – dafür aber ein Händler.

Keiner von den Schwiegersöhnen ist ein Christ. Religionstreffen mit einem Moslem, Juden und einem Chinesen. „Chinesen sind verschwiegen, geben wenig von sich preis und passen sich an!", so heißt es. Sollten wir also im Film erfahren, welcher Religion er angehört? Haben Chinesen überhaupt eine Religion? Der Film spielt mit Vorurteilen und Klischees.

Das ändert aber nichts an daran, dass es richtig hart für Marie und Claude ist, mit solchen Schwiegersöhnen zu leben. Und es ist auch hart für die Schwiegersöhne, miteinander zurechtzukommen: Denn schließlich weiß jeder über den anderen Bescheid. Und jeder hat sein kleines eigenes (gesellschaftlich geprägtes) Bild im Kopf. Die Klischees werden weiter bedient.

Juden wollen immer nur Geschäfte machen, selbst wenn sie keinen Plan haben. Araber tun so, als wären sie in Frankreich zu Hause, verteidigen sogar ihre Rechte - schließlich ist der Araber Jurist - verbreiten sich überall, sind aufbrausend und unkultiviert. Araber und Juden haben immer Streit. Chinesen kaufen Land auf; der chinesische Schwiegersohn ist so ein Banker; Chinesen sind undurchsichtig und suchen durch Freundlichkeit immer ihren eigenen Vorteil: Der Chinese wirkt auf die anderen beiden Schwiegersöhne als Lakai, als Schmeichler, als Duckmäuser, als Heuchler.

„Der Pharisäer stand für sich und betete so: Ich danke dir, Gott, dass ich nicht bin wie die andern Leute ..."

Wenn es ums Essen geht ... dann wird es richtig schwierig miteinander. Besonders für Marie und Claude – und in

Frankreich geht es immer ums Essen! Familie sein ist gemeinsames Essen! Was kann gegessen werden, wenn der eine koscher, der andere Halāl und der dritte asiatisch isst? Essen und Religion treffen aufeinander.

Im Film sehen wir eine Familiengeschichte, in der die unterschiedlichen Kulturen, Vorurteile und Unterschiede klischeehaft dargestellt und als Karikaturen gezeichnet werden.
Mehr als das: In dieser Komödie wird das Klischee zum Erzählprinzip erhoben. Niemand wird verschont: menschliche Schwächen, tradierte Vorbehalte und individuelle Marotten werden vielmehr sehr gleichmäßig auf die große Mehrheit der Figuren verteilt – ganz gleich, welchen kulturellen oder religiösen Hintergrund sie haben. Neben den aufs Korn genommenen Klischees stehen so immer wieder auch missratene Pointen. Aber auch die können jeden erwischen. Nichts und niemand wird ausgelassen in der überspitzten Vorurteilsblasphemie:
Humor und Religion – ein heißes Eisen, das in Print- wie Bewegtbild-Medien und sogar in Romanen mittlerweile gemieden wird. Denn hinter uns liegen die Fatwa gegen den Schriftsteller Salman Rushdie 1989, die dänischen Karikaturen und ein Mordversuch an dem dänischen Islamkritiker Lars Hedegaard. Das Thema ‚Religion und Humor‘ gilt mittlerweile als Minenfeld. „Es ist, als würde man auf Eierschalen laufen", sagte der britisch-pakistanische Drehbuchautor und Komiker Ayub Khan-Din.
„Monsieur Claude und seine Töchter" buchstabiert Vorurteile rauf und runter. Mit Religion im engeren Sinne hat das eigentlich nicht mehr wirklich viel zu tun. Doch in allem geht es um Anerkennung, Integration und Zusammenraufen. Wie aber gelingt das Zusammenraufen? Die Familien geraten an die Grenzen ihres Zusammenhalts. Was tun gegen diese Vorurteile, die wahre Begegnung verhindern?

Was tun? Was tut klassischerweise ein Mann bei Problemen? Er vergräbt sich in Arbeit. Was tut klassischerweise eine Frau? Sie bekommt Depressionen und braucht jemanden, um sich auszusprechen.

So kommt es, dass Marie, die Mutter und Großmutter, sich bei einem Psychiater ausspricht. Ihr wird schnell klar, dass sie ihre Töchter und Enkel braucht, um wieder Tritt zu fassen. Sie lädt ihre ganze „heilige Familie" zum Weihnachtsfest ein. Außer Marie scheint niemand begeistert, aber alle bemühen sich und setzen auf gute Miene zum bösen Spiel. Weihnachten, das Fest der Liebe: An Weihnachten gelingt dann doch etwas, das man zunächst nicht vermutet hätte. Wo zeigt es sich? In Frankreich natürlich im Essen. Also bemüht sich Marie, im Kochen alle nationalen und kulturellen Eigenarten zu berücksichtigen. Versöhnungsessen. Die Weihnachtsgans wird zur Pute und in drei Versionen aufgetragen: muslimisch-arabisch als Halāl, jüdisch-koscher und asiatisch-mariniert.

Die festliche Vorrede beim Weihnachtsessen gelingt Claude, und hier scheint er das erste Mal seine Ressentiments zuzugeben und einen Schritt in eine neue Offenheit zu gehen. Das Jesuskind lächelt aus der Krippe, die Enkelkinder finden Jesus süß, und so stiftet der Gottessohn einmütige Verbundenheit zwischen Moslem und Juden, die ihren Kindern erklären: „Ja, der da in der Krippe ist süß; aber Oma hat Unrecht, er ist nur ein Prophet."

Als es auch noch zu schneien beginnt, ist eine der Töchter zutiefst berührt: Schnee – der alles in ein anderes Licht taucht, in dem die Natur erscheint, als würde der Schleier der Reinheit einen Neuanfang ermöglichen und der Zauber der Welt bis in die Herzen dringt.

MUSIK   LEISE RIESELT DER SCHNEE

Weihnachten, das Fest der Liebe. Ein weißer Jesus liegt in

der kleinen Krippe. Er ermutigt zu neuem Leben und lebendiger Hoffnung.

Da ist noch die jüngste und nicht verheiratete Tochter der Familie. Auf ihr ruht unausgesprochen ein Hoffnungsschimmer der Eltern: Sie – noch ohne Bräutigam – könnte durch die Wahl des Bräutigams für ihren Vater und ihre Mutter in gewisser Weise die Familienehre retten.

So offeriert sie ihren Eltern noch am Weihnachtsfest, dass sie verlobt ist und heiraten möchte: Einen Charles, zwar Schauspieler, aber – und darauf kommt's ja an – aus streng katholisch-religiösem Elternhaus. Alles scheint perfekt.

Weihnachten ist noch nicht vorbei, da fallen bei der ersten Begegnung mit dem zukünftigen Schwiegersohn die Kinnladen von Mutter und Vater herunter. Denn: Charles ist dunkelhäutig. Seine Familie stammt von der Elfenbeinküste. Ein dunkelhäutiger Einwanderer. Die Krise beginnt von neuem und offenbart einen verbindenden Rassismus: Für alle ist klar: Ein Dunkelhäutiger hat in der gerade gefundenen familiären Eintracht nichts verloren. „Wir sind ein ehrenwertes Haus." Marie und Claude denken an ihre zukünftigen farbigen Enkelkinder: Französisch steht ihnen nicht auf ihre Stirn geschrieben. Die Putenbratenruhe war trügerisch!

*„Der Pharisäer stand für sich und betete so: Ich danke dir,
Gott, dass ich nicht bin wie die andern Leute ..."*

Berlin/Düsseldorf (epd). „Von April bis Ende Juni dieses Jahres registrierte die Polizei nach Angaben der Bundesregierung 24 Straftaten im Umfeld von Flüchtlingsunterkünften. 22 Taten davon waren rechtsextrem motiviert. Wie aus der Antwort weiter hervorgeht, gab es von April bis Ende Juni 22 Demonstrationen rechtsextremer oder rechtspopulistischer Organisationen oder Parteien gegen Flüchtlingsunterkünfte. Die größten Kundgebungen verzeichnete die Polizei demnach jeweils am 1. Mai in Kaiserslautern (130 Teilnehmer), Essen (110) und Duisburg (80)."

*„Der Pharisäer stand für sich und betete so: Ich danke
dir, Gott, dass ich nicht bin wie die andern Leute, Räuber,
Betrüger, Ehebrecher oder auch wie dieser Zöllner."*

Der Film endet nicht im Zerwürfnis. Es gibt etwas, bei dem am Ende ein Rollenwechsel gelingt und niemand mehr bedrohlich ist.

*„Nun aber bleiben Glaube, Hoffnung, Liebe, diese drei;
aber die Liebe ist die größte unter ihnen."* **(1. Korinther 13,13)**

MUSIK   CHANSON D'AMOUR

Schlussakkorde: Bei der kurz bevorstehenden Hochzeit zwischen der jüngsten Tochter und ihrem dunkelhäutigen Franzosen kommt es zum Drama: Die Mutter stürzt sich in Zumba-Musik und Ethnien hinein. Sie will distanzlos alles verstehen. Der Vater geht in größte Distanz und fällt die Bäume vor dem Haus, weil er sich aller alten französischen Wurzeln beraubt sieht.

Unterschiede in der alten französischen Familie zwischen Mutter und Vater brechen auf. Der fragile familiäre Zusammenhalt droht zu platzen. An dieser Stelle zweifelt die jüngste

Tochter an ihrem Heiratswunsch. Als Zuschauer des Films werden wir gefragt: Zählen familiäre Bindungen in einem multikulturell offenen Frankreich mehr als eigene Beziehungen und die Bande der Liebe? Wie geschieht nun das ersehnte und erhoffte Happy End?

Die Töchter und Ehefrauen spielen im Film bisher eher eine Nebenrolle. Und in diesen Rollen beteiligen sie sich eben nicht an den Vorurteilen ihrer Männer. Sie sorgen – klischeehaft – für Kinder, Küche, dramatische Gefühle, Kunst und Geld! Die Rolle der Frauen bleibt blass, multireligiöse Komödien sind offensichtlich eher Männerdramen. Aber die Frauen halten die Familie zusammen – ja bilden überhaupt erst die Familie unterschiedlicher Herkunft. Im Happy End unserer Komödie spielen die Mütter des Brautpaares genau diese Rolle aus.

Als die lange vorbereitete Hochzeit zu scheitern droht, weil die Schwiegerväter abgetaucht sind und über die vermutete Trennung der Brauteltern die Braut auch nicht mehr heiraten will, schaffen die Schwiegermütter in allerletzter Minute eine überraschende Pointe. Ein Happy End auf verschiedenen Ebenen, das hier nicht verraten werden soll.

„Nun aber bleiben Glaube, Hoffnung, Liebe, diese drei; aber die Liebe ist die größte unter ihnen."

„Monsieur Claude und seine Töchter lässt tief in der französischen Gesellschaft verankerte Gegensätze aufeinanderprallen, um sie schließlich geläutert zu versöhnen. Bourgeoisie und Banlieue, Paris und Provinz, traditionelles und modernes Frankreich, schwarz und weiß – am Ende haben sich alle lieb – darauf kann man sich als Zuschauer verlassen. Und so ist es wohl dieses wohlig-weiche Gefühl der Geborgenheit in einer Komödienstruktur, die jeden Konflikt (und sei es das ganz offene Entsetzen ob der Hautfarbe und Herkunft einer Person) in federleichtes Wohlgefallen auflöst." – so lese ich in einer Filmkritik der ZEIT. Wir können noch weitergehen: Im echten Leben sind die unterschiedlichen Rollen und Klischees keine Komödie, sondern ein echtes Drama: Israel-Palästina, die Pariser Vorstädte mit arbeitslosen französischen Jugendlichen unterschiedlicher Herkunft, Reichtum und Armut entsprechend der Herkunft verteilt. Das alles ist nicht wirklich witzig.

Die Vorurteile erschweren die Begegnung untereinander. Jede und jeder hat da sein und ihr Feindbild, das die eigene Gruppe stärkt.

Aber trotzdem – oder vielleicht genau deswegen – verfalle ich am Schluss dem Kitsch des Films und bin merkwürdig angerührt, weil wieder alles in einem großen Fest endet, an dem sich am Ende die Völker in Form der handelnden Personen zu verstehen scheinen. Ich bleibe dabei. Ich bin angerührt, weil am Ende ein alter Traum aufscheint – und ich bin nicht bereit, diesen Traum aufzugeben. Und dieser Traum ist nicht nur ein Traum, sondern real:

Denn: Vorurteile überwinden wir leichter, wenn wir die Dinge nicht immer so ernst nehmen. Humor macht das Leben (wenn es nicht um wirklich existenzielle Dinge geht) leichter – und wir selbst nehmen uns darin nicht mehr ganz so wichtig.

Es stimmt doch, dass die Kraft der Liebe Beziehungen stiftet. Ja, unterschiedliche Kulturen und Herkünfte sind auch interessant und anziehend und exotisch und erotisch und schön! Wenn wir das Leben schön finden lernen – und den anderen ebenso, dann überwinden wir Grenzen und Vorurteile!

Miteinander etwas tun: Als die beiden stockkonservativen Schwiegerväter zusammen angeln und einen Fisch fangen, müssen sie zusammenarbeiten, damit der Fang gelingt. Ganz simpel.

Ja, wir müssen eigentlich miteinander zusammenarbeiten in

unserem Land, in unserer Welt, sonst schaffen wir es nicht –
den Frieden, die Zukunftsfähigkeit unserer Mutter Erde zu
bewahren. Zusammenarbeit überwindet Grenzen!

Und am Ende geht es tatsächlich auch und vor allem ums
Essen: Miteinander teilen von Brot und Wein schafft Gemeinschaft.

Ich bin nicht bereit, den Schluss des Films – diesen alten
Traum – zu den Klischee-Akten zu legen, denn im Film haben
alle auskömmliches Leben, unabhängig von Herkunft und
Rolle. Im Film spielt Geld tatsächlich keine wirkliche Rolle,
weil es genug davon gibt und alle handelnden Personen daran Anteil haben. Schön wäre so etwas.

Allein der Verzicht auf Rüstung weltweit würde ausrei-
chen, allen hungernden Menschen dieser Erde ein auskömmliches Leben zu ermöglichen.

Ich bin angerührt, wenn konservative Gaullisten sich auf
den Weg zu einer Entdeckungsreise aufmachen, auf den Weg
zu unterschiedlichen Personen auf unterschiedlichen Kon-
tinenten, und zwar nur, um ihnen zu begegnen: Begegnung
aus Interesse, nicht aus geschäftlichem Kalkül.

Und ich bin angerührt, weil die Kraft der Frauen wieder einmal Auferstehungserfahrungen ermöglicht.

„Eines Tages kommt eine Frau zu Jesus. Sie ist Ausländerin.
Sie steht Jesus und seinen Männern allein gegenüber. Sie
kommt ohne Mann (hat sie keinen mehr?). Sie kommt um
das Leben ihrer Tochter willen. Sie ruft:
*„Herr, du Sohn Davids, erbarme dich meiner! Meine Tochter
wird von einem bösen Geist übel geplagt.“* Jesus aber antwortet ihr kein Wort. Er sei nur gesandt zu den verlorenen Schafen des Hauses Israel.“

Wie im Film, so spielt die biblische Erzählung aus dem Mat-
thäusevangelium (15,21-28) mit Vorurteilen, mit Ausländer-
feindlichkeit und latentem Rassismus.

Wie Marie und Claude im Film denkt Jesus, er sei unter die Hunde gekommen und weist alle Bitten der Frau ab.

Doch die Frau gibt nicht auf, vielmehr schlägt sie Jesus mit seinen eigenen Waffen: Wenn du mit mir unter die Hunde geraten bist: „Selbst die Hunde essen, was von der Herren Tische fällt." Mit anderen Worten: Ich habe ein Anrecht, etwas von dir zu bekommen, Jesus!

„Frau, dein Glaube ist groß, dir geschehe, wie du willst." Dreimal spricht Jesus sie an mit dem großen heiligen DU. Ja, es geht: Am Ende ist sogar Jesus von seinen Vorurteilen geheilt, erzählt die Geschichte. Sie erzählt es in einem großen Zusammenhang – und möglicherweise mit einem Augenzwinkern: Sagte nicht Jesus zuvor: Ihr seid das Salz der Erde, ihr seid das Licht der Welt? Hier sind längst alle Nationalismen aufgegeben. Der Traum ist da, selbst wenn wir uns immer wieder erinnern und dafür eintreten müssen, dass er Wirklichkeit wird.

> *„Jetzt sehen wir alles in einem Spiegel, in rätselhafter Gestalt, dann aber von Angesicht zu Angesicht. Jetzt ist mein Erkennen Stückwerk, dann aber werde ich ganz erkennen, wie ich auch ganz erkannt worden bin. Nun aber bleiben Glaube, Hoffnung, Liebe, diese drei. Die größte unter ihnen aber ist die Liebe."* **(1. Korinther 13,12+13)**

Amen

 **SISTER, CARRY ON**
(Carolyn McDade 1992)

15. Februar 2015

MUSIK   **Andreas Kaling** (Saxophone), **Joachim Fitzon** (Bass),
         Bertold Becker (Piano), **Ruth M. Seiler** (Orgel).

*„Was ihr einem meiner geringsten Geschwister getan habt,
das habt ihr mir getan."* (Matthäus 25,40)

Wir sind jung. Wir sind stark.

PREDIGT UND MUSIK ZUM FILM

VORSPIEL   CHORAL-JAZZ ZU EG 396
                  JESU, MEINE FREUDE

Begrüßung

Zu diesem Gottesdienst in der Reihe »Kirche trifft Kino«
begrüßen wir Sie herzlich in unserer reformierten Süster-
kirche.

Im Vorspiel hörten wir den bekannten Choral: „Jesu,
meine Freude", denn im Gottesdienst heute geht es um Jesus
und seine Freundinnen und Freunde, und solche, die es noch
werden könnten ...

*„Was ihr einem meiner geringsten Geschwister getan habt,
das habt ihr mir getan."*

Unter diesem Vers aus dem Matthäus-Evangelium steht die
8. Folge der Reihe „Kirche trifft Kino". In dem auf verschiedenen Festivals ausgezeichneten Film „Wir sind jung. Wir sind
stark." geht es um den Brandanschlag auf eine Flüchtlings-
unterkunft in Rostock-Lichtenhagen 1992. Der Film greift
damit ein dramatisches Kapitel aus der jüngeren Vergangenheit deutscher Geschichte auf, das heute aktueller nicht sein
könnte. Er erzählt von Jugendlichen, die nicht genau wissen,
wohin mit sich und dem Leben. Und er zeigt erwachsene
Politiker, die ihre Weste reinwaschen wollen, die zum Teil
auch nicht wissen wohin. Menschen ausländischer Herkunft
kommen so an den Rand ihrer Existenz.

„Was ihr einem meiner geringsten Geschwister getan habt, das habt ihr mir getan."

„Vater, vergib ihnen, denn sie wissen nicht, was sie tun" – sagt der Gekreuzigte im Lukasevangelium. Im Film begegnen uns Menschen, die wissen, was sie tun. Und die zugleich nicht wissen, was sie tun, weil sie blind sind für das Leben anderer. Wie gewinne ich eine Sicht auf das Leben um mich herum? Wie kommen andere als Subjekte in den Blick? Indem ich das Leben schätze, ihm Schönheit abgewinne und Dankbarkeit für vielfältige Begegnungen und unterschiedliche Augenblicke.

Lasst uns beten mit Worten aus Psalm 31.

Psalm 31 (2-6.8-9.16-17)

Gott, auf dich traue ich, lass mich nimmermehr zuschanden werden, errette mich durch deine Gerechtigkeit!
Neige deine Ohren zu mir, hilf mir eilends!
Sei mir ein starker Fels und eine Burg, dass du mir helfest!
Denn du bist mein Fels und meine Burg,
und um deines Namens willen wollest du mich leiten und führen.
Du wollest mich aus dem Netze ziehen, das sie mir heimlich stellten; denn du bist meine Stärke.
In deine Hände befehle ich meinen Geist; du hast mich erlöst, HERR, du treuer Gott.
Ich freue mich und bin fröhlich über deine Güte, dass du mein Elend ansiehst und nimmst dich meiner an in Not und übergibst mich nicht in die Hände des Feindes; du stellst meine Füße auf weiten Raum.
Meine Zeit steht in deinen Händen.
Errette mich von der Hand meiner Feinde und von denen, die mich verfolgen.
Lass leuchten dein Antlitz über deinem Knecht; hilf mir durch deine Güte!
Amen

LIED	WIR STRECKEN UNS NACH DIR
	(EG RWL 664)

Evangelium des Sonntags: Matthäus 4,1-11

Jesu Versuchung

Da wurde Jesus vom Geist in die Wüste geführt, damit er von dem Teufel versucht würde. Und da er vierzig Tage und vierzig Nächte gefastet hatte, hungerte ihn. Und der Versucher trat zu ihm und sprach: Bist du Gottes Sohn, so sprich, dass diese Steine Brot werden. Jesus antwortete und sprach: Es steht geschrieben (5.Mose 8,3): »Der Mensch lebt nicht vom Brot allein, sondern von einem jeden Wort, das aus dem Mund Gottes geht.«
Da führte ihn der Teufel mit sich in die Heilige Stadt und stellte ihn auf die Zinne des Tempels und sprach zu ihm: Bist du Gottes Sohn, so wirf dich hinab; denn es steht geschrieben (Psalm 91,11-12): »Er wird seinen Engeln deinetwegen Befehl geben; und sie werden dich auf den Händen tragen, damit du deinen Fuß nicht an einen Stein stößt.«
Da sprach Jesus zu ihm: Wiederum steht auch geschrieben (5.Mose 6,16): »Du sollst den Herrn, deinen Gott, nicht versuchen.«
Darauf führte ihn der Teufel mit sich auf einen sehr hohen Berg und zeigte ihm alle Reiche der Welt und ihre Herrlichkeit und sprach zu ihm: Das alles will ich dir geben, wenn du niederfällst und mich anbetest.
Da sprach Jesus zu ihm: Weg mit dir, Satan! Denn es steht geschrieben (5.Mose 6,13): »Du sollst anbeten den Herrn, deinen Gott, und ihm allein dienen.«
Da verließ ihn der Teufel. Und siehe, da traten Engel zu ihm und dienten ihm.

CHORAL-JAZZ ZU EG 362
EIN FESTE BURG IST UNSER GOTT (Melodie 1529)

Gnade sei mit Euch und Friede von dem, der da ist, das da war und die da sein wird. Amen!

Liebe Gemeinde!

Der Film: „Wir sind jung. Wir sind stark." bezieht sich auf die ausländerfeindlichen Übergriffe in Rostock-Lichtenhagen im August 1992, drei Jahre nach dem Fall der Mauer und zwei Jahre nach der deutschen Wiedervereinigung. Der Film erzählt im Dokumentarstil eine fiktive Geschichte, die sich so oder anders hätte abspielen können.

Wir erleben Menschen, die eine feste Burg suchen, weil sie angegriffen werden – als Ausländer sind sie unerwünscht. „Leib, Gut, Ehr und Kind" stehen auf dem Spiel, und der alte, böse Feind in Deutschland, der rechtsradikale Nationalismus, meint es offensichtlich ernst: „groß Macht und viel List seine grausame Rüstung ist ..."

„Die Ausschreitungen in Rostock-Lichtenhagen zwischen dem 22. und 26. August 1992 gegen die Zentrale Aufnahmestelle für Asylbewerber und ein Wohnheim für ehemalige vietnamesische Vertragsarbeiter im sogenannten „Sonnenblumenhaus" in Rostock-Lichtenhagen waren die massivsten rassistisch motivierten Angriffe der deutschen Nachkriegsgeschichte.

An den Ausschreitungen beteiligten sich mehrere hundert teilweise rechtsextreme Randalierer und bis zu 3.000 applaudierende Zuschauer, die den Einsatz von Polizei und Feuerwehr behinderten. Nachdem die Aufnahmestelle am Montag, dem 24. August, evakuiert worden war, wurde das angrenzende Wohnheim, in dem sich noch über 100 Vietnamesen und ein Fernsehteam des ZDF aufhielten, mit

Molotowcocktails in Brand gesteckt. Auf dem Höhepunkt der Auseinandersetzungen zog sich die Polizei zeitweise völlig zurück und die im brennenden Haus Eingeschlossenen waren schutzlos sich selbst überlassen.

Die Übergriffe in Lichtenhagen werden häufig als Pogrom bezeichnet. Sie stehen im Zusammenhang mit der Asyldebatte zu Beginn der 1990er Jahre. Politikern und Medien wird dabei vorgeworfen, durch eine zum Teil populistische Kampagne die Stimmung gegen Ausländer angeheizt und so Ausschreitungen wie denen in Rostock-Lichtenhagen den Boden bereitet zu haben.

Sowohl die Asyldebatte als auch die Zahl gewaltsamer Übergriffe auf Asylbewerber und andere Einwanderer erreichten 1991/92 ihren Höhepunkt." (Wikipedia, Artikel Ausschreitungen in Rostock-Lichtenhagen, 15.02.2015)

> *Da wurde Jesus vom Geist in die Wüste geführt, damit er von dem Teufel versucht würde.*
> *Und da er vierzig Tage und vierzig Nächte gefastet hatte, hungerte ihn. (Matthäus 4,1.2)*

Mit den ersten Bildern führt der Film uns in eine Wüste. Drei Kinder räumen leere Flaschen in einen Einkaufswagen, den sie scheppernd mit sich ziehen. Die Ruhe nach einem offensichtlichen Wüstensturm. Papier liegt herum. Menschen campieren unter Balkonvorsprüngen ... Eine merkwürdige Leere stellt sich ein, trotz unglaublich vieler Menschen auf engstem Raum, alle ohne Gesichter und Identitäten. Flüchtlinge, Vietnamesen, Roma und Sinti ...

`Die Flüchtlingsunterkünfte in Rostock-Lichtenhagen sind seit Monaten überfüllt. Die Zustände sind so schlecht, dass überlegt wird, externe Toilettenanlagen aufzustellen. Eine neue Flüchtlingsunterkunft ist bereits fertig. Sie soll alsbald bezogen werden, aber die Politik des Bundes zögert den Umzug hinaus ...´, heißt es.

Auf engstem Raum hocken auch sechs oder sieben Jugendliche. Sie wissen nicht recht etwas mit sich anzufangen in ihrer Müdigkeit. Die Nacht haben sie durchgemacht und teilgenommen an dem Chaos, das die drei Kinder mit den Flaschen wegräumen ...

Tohuwabohu – *„Und es war wüst und leer, und es war finster auf der Tiefe ..."* Der Film nimmt uns mit in eine Wüste und Leere im Kopf der Jugendlichen. In diesem Zustand der Trübnis und Dämmerung wirken selbst die Heldengeschichten der Nacht fahl und leer ... Einer macht sich auf nach Hause. Er hat genug ...

> *Da wurde Jesus vom Geist in die Wüste geführt, damit er von dem Teufel versucht würde.*
> *Und da er vierzig Tage und vierzig Nächte gefastet hatte, hungerte ihn.*
> *Und der Versucher trat zu ihm und sprach: Bist du Gottes Sohn, so sprich, dass diese Steine Brot werden."*
> **(Matthäus 4, 1-3)**

Wer bin ich? Was macht meine Identität aus? Wie kann ich mich spüren und das Leben und die Tiefe und die Gemeinschaft – und wie kann ich der Wüste im Kopf entfliehen?

Im Film kommt ein Polizeiauto des Weges gefahren. Einer der Jugendlichen nimmt einen Stein, verhüllt sein Angesicht und schmeißt diesen Stein auf die aussteigenden Polizeibeamten.

> *„Und der Versucher trat zu ihm und sprach: Bist du Gottes Sohn, so sprich, dass diese Steine Brot werden".*

Du bist jung, du bist stark. Dir ist die Macht gegeben, Gottes Tochter und Gottes Sohn zu sein, also lebe! Schmeiße den Stein, provoziere, prügle, Hauptsache, die Leere geht und der Hunger nach Leben wird gestillt.

> *„Und Jesus antwortete und sprach: Es steht geschrieben (5.Mose 8,3): »Der Mensch lebt nicht vom Brot allein, sondern von einem jeden Wort, das aus dem Mund Gottes geht."*

Es stimmt, wir leben nicht nur vom Sattsein. Wir leben von Werten und Normen, denen wir uns verpflichtet fühlen. Wir leben von Aufgaben und Zielen, die wir erreichen wollen, wir leben davon, gebraucht zu werden und ernstgenommen zu sein ... Wir leben von etwas, das uns heilig ist, für das wir kämpfen und mutig sind ... und das uns anrührt.

Warum werfen die Jugendlichen mit Steinen?

„Und da Jesus vierzig Tage und vierzig Nächte gefastet hatte, hungerte ihn."

Die Jugendlichen werden festgenommen und sitzen in einem überfüllten Sammelarrest.

Stefan, einer der jugendlichen Protagonisten, findet Platz neben einer früheren Mitschülerin. Sie will mit ihm ins Gespräch kommen: „Warum bist du hier? Welches Ziel hast du? Wofür kämpfst du, bist du links oder rechts?", fragt sie. „Links oder rechts – immer diese Schubladen, ich bin normal." „Normal" wie „nichts von dem" – ohne eine bestimmte und feste Meinung. Ich bin halt so, wie ich bin, hier, in der Wüste – hungrig und bedürftig und leer ... und ich will aus den Steinen der Wüste Brot machen, damit der Hunger nach Leben gestillt wird ...

Wo gehöre ich hin? Wo ist meine Heimat? Was macht mich aus? Was ist mir wichtig?

Wieder zu Hause begegnet Stefan seinem alleinerziehenden Vater. Dieser will mit ihm reden, aber das Reden verliert sich in erzieherischen Floskeln ... Zu Hause, da gibt es Essen und Trinken, aber auch Werte und Eindeutigkeiten? Der Film erzählt uns zugleich die Geschichte dieses Vaters. Er ist ein angesehener Politiker und könnte möglicherweise weiter aufsteigen, doch ihm machen die Krawalle und die Unruhen in Rostock-Lichtenhagen zu schaffen. Wie soll man sich hier angemessen verhalten? Wer ist zuständig? Was müssen wir tun?

Einer der Parteigenossen sieht seine Aufgabe darin, vor Ort die Konflikte zu lösen, bei den Bedrängten zu sein, das Gespräch zu suchen und eindeutig Stellung zu beziehen: „In Deutschland dürfen nie mehr Menschen anderer Herkunft um ihr Leben fürchten!" Der Kollege geht und begibt sich an seine Arbeit. Er sieht, was zu tun ist:

„Was ihr einem meiner geringsten Geschwister getan habt, das habt ihr mir getan." (Matthäus 25,40)

Im ganzen Film ist das die einzige Szene, in der einer weiß, was er will, in der ihm etwas wichtig ist, Werte durchscheinen und jemand bereit ist, dafür einzutreten ... Hier lebt jemand vom „Wort", und die Heiligkeit des Lebens schimmert durch im Angesicht derer, die Hilfe und Unterstützung brauchen. Stefans Vater aber kann sich nicht anschließen. Er bleibt wie gelähmt zurück und geht nicht: nicht an die Arbeit, nicht in eine echte Begegnung mit seinem Jungen, nicht an die Aufgaben, die vor ihm liegen ...

Die wüsten Zeiten in seinem Stadtbezirk entlassen ihn in die Wüste, in eine Leere ... Bildungsbürgerlich eingerichtet flieht er in sein Zuhause, in der Hoffnung, so – im Nichttun – seine Weste weiß und sauber zu halten. Sich nicht die Hände schmutzig machen, sich nicht positionieren, sich nicht engagieren in der Angst, es dann nicht mehr allen recht zu machen ...

Doch: Der Mensch lebt nicht vom Brot allein ..., sondern von Eindeutigkeiten, Positionen, Werten, für die es sich einzutreten lohnt ...

Ein „Freund" des Jungen kommt zu Besuch. Die Terrassentür ist offen und, ohne anzuklopfen, tritt er ein, nimmt Brot vom Tisch, geht an den Kühlschrank, trinkt Milch aus der Flasche, geht ans Klavier und haut auf die Tasten.

Hier begegnet uns jemand, der vor nichts und niemandem Respekt hat. Der Jugendliche scheint kein Gefühl zu haben, kein Mitgefühl, er wirkt aufgeladen und ohne irgendeine Form von Anteilnahme. Aus Steinen Brot machen – Leben machen, sich spüren ... Brot und Milch machen nicht satt ... Der Hunger nach Würde und Leben verliert sich in Respektlosigkeit.

Als dieser Junge am Klavier steht, hört er auf einmal auf, die Tasten zu malträtieren. Er setzt sich und beginnt mit barocker Musik. Er muss sich durch die Töne buchstabieren ... aber hier hören wir jemanden, der vielleicht doch zärtlich sein kann und auch mal hinhört ...

LIED   **DA WOHNT EIN SEHNEN TIEF IN UNS**

> *„Da führte ihn der Teufel mit sich in die Heilige Stadt und stellte ihn auf die Zinne des Tempels und sprach zu ihm: Bist du Gottes Sohn, so wirf dich hinab; denn es steht geschrieben* (Psalm 91,11-12)*:* »*Er wird seinen Engeln deinetwegen Befehl geben; und sie werden dich auf den Händen tragen, damit du deinen Fuß nicht an einen Stein stößt.*"*
> **(Matthäus 4,5.6)**

Einer der Jugendlichen hat sich von einem Balkon seines Plattenbau-Hochhauses gestürzt. War ihm die Leere im Herzen und Kopf zu groß geworden? Nach einem Abschiedsbrief ahnen wir, dass er sich wie in einer unaufhörlichen Spirale fühlte. Wo ist der Ausweg – wie gelingt Identität ohne Gewalt? „Wie kann ich aussteigen und ein neues Leben finden?", schreibt er an seinen Vater. „Ich sehe keine Perspektive – ohne Arbeit – ohne Bildung – ohne Aussichten, wie es weitergeht – ich sehe nur Gewalt ... So kann es nicht weitergehen. Dich trifft keine Schuld, Vater. Ich liebe dich für immer."

Für mich ist das einer der anrührenden Sätze der Geschichte, weil hier jemand wahre, echte Gefühle äußert, die nicht mit Macht und Herrschaft zusammenhängen. Hier hat jemand Hunger und findet kein Brot und steigt auf die höchste Zinne des Tempels und stürzt sich hinunter, auch, weil er dem Teufel nicht folgen will.

Die Engel im Himmel werden ihm sicher dienen, aber in sein Zimmer kommen keine Engel. Es kommen seine Kumpels. Einer durchsucht das Zimmer, wie er im Haus zuvor Brot und Milch genommen hat. Die Ausweglosigkeit auf der Zinne des Tempels kann er nicht fühlen, und der andere kann sich nicht zu seinen Gefühlen durchringen: ʿGottes

Söhne sind stark und jung. Ihnen kann nichts passieren.´ Der Abschiedsbrief wird zerrissen, die Jacke des toten Freundes wird zerrupft. Totenfledderei! Sie wird im Folgenden weitergetragen, als müsse der Tote weiterleben. Für Schuld und Versagen, für Sehnsucht und Vaterliebe, für Trauer und Verlust ist nach außen kein Platz in dieser Geschichte der Jugendlichen.

„Wir sind jung. Wir werden stark sein. Uns kann nichts passieren."

> *„Darauf führte ihn der Teufel mit sich auf einen sehr hohen Berg und zeigte ihm alle Reiche der Welt und ihre Herrlichkeit und sprach zu ihm: Das alles will ich dir geben, wenn du niederfällst und mich anbetest."*
>
> *(Matthäus 4,8.9)*

„Wir sind jung. Wir sind stark." Die Welt liegt uns zu Füßen ... Einer der Jugendlichen – Stefan – steigt gegen Ende des Films auf einen Balkon – und es ist einen Moment nicht klar: Stürzt er ab, springt er und folgt in der nicht eingelösten Sehnsucht nach glücklichem Leben und Heimat seinem Freund ...? Aber er reißt die Arme nach oben und lässt sich feiern wie ein Held.

> *„Das alles will ich dir geben, wenn du niederfällst und mich anbetest."*

Ein anderer Jugendlicher will nicht recht anbeten. Er ist jugendlich – und doch noch wie ein Kind. Er spürt in sich Mutterliebe und zögert zuweilen bei der wilden Respektlosigkeit der anderen.

Er ziert sich, Brandsätze zu werfen, er will nicht in das Hochhaus, Flüchtlinge jagen und will eigentlich auch nicht seine Mutter beleidigen. Aber die anderen reißen ihn mit: Niederfallen und Anbeten und aus Steinen Brot – Lebensenergie – machen und es wird schon nichts passieren –

dir nicht – und wenn, dann sind die Engel da und beschützen dich ...! – Und am Ende sind wir jung und du stark und die Welt liegt uns zu Füßen!

MUSIK   CHORAL-JAZZ ZU EG 299
               AUS TIEFER NOT SCHREI ICH ZU DIR

Die Versuchungen der einen sind das Elend der anderen: Oben, auf die Zinne des heiligen Tempels sind die Vietnamesen geflohen – geflohen aus den brennenden Stockwerken ihres Hauses ...

Unten entlädt sich die Macht des Volkes: „Wir sind ein Volk – und dulden keine anderen Völker neben uns ...“

Da nützen keine Aufenthaltsbestimmungen und Arbeitserlaubnisse, da nutzen keine Differenzierungen.

„Wir sind doch keine „Zigeuner – und keine Asylanten – wir sind doch Vietnamesen“, so fühlt sich eine von ihnen, die bleiben will in deutschem Land! „Wir sind hier kein Dreck! Dreck, das sind die anderen!“

Nach unten ist immer noch Platz. ‚Nein, wir sind es nicht, auf die der Mob der Straße zielt. Mit uns hat das nichts zu tun.‘ So denkt sie, die bleiben will und die mit ihrem Bruder und Familien im Nebenhaus der Sammelunterkunft für Asylsuchende wohnt.

Ein Satz wird Martin Niemöller zugeschrieben: „Als die Nazis die Kommunisten holten, habe ich geschwiegen; ich war ja kein Kommunist. Als sie die Sozialdemokraten einsperrten, habe ich geschwiegen; ich war ja kein Sozialdemokrat. Als sie die Gewerkschafter holten, habe ich geschwiegen, ich war ja kein Gewerkschafter. Als sie mich holten, gab es keinen mehr, der protestieren konnte.“

Vielleicht denken auch wir: Der Mob auf der Straße, die rechte Gewalt mit Zustimmung vieler – das ist lange her und passiert, wenn überhaupt, im Osten ...

Im Jahr 2013 gab es 443 Körperverletzungen mit rechtsextremem und fremdenfeindlichem Hintergrund. Es gab 3 versuchte Tötungen und 10 Brandanschläge.

Der Vater des jungen Stefan, der mittlerweile Brandsätze geworfen hat und im Haus Ausländer jagt und sich schließlich auf den Balkon erhebt, der Vater hat sich im weiteren Verlauf des Films unter das Volk gemischt.

Er hatte eine Weile versucht, sein beschmutztes weißes Hemd sauber zu waschen. Aber die Situation lässt ihn und mit ihm die Politiker nicht sauber. Hier kann er sich nicht die Hände in Unschuld waschen ...

Jetzt steht er mitten zwischen dem Volk. Seine hilflosen Rufe nach Gewaltfreiheit verhallen ungehört, stattdessen wird er zu einem der vielen Zuschauer.

„Und das Volk stand da und rief: Sein Blut komme über uns und unsere Kinder" (Matthäus 27,25)

heißt es in der Passionserzählung des Matthäus-Evangeliums, während Pontius Pilatus seine Hände in Unschuld waschen will.

Doch Unschuld gibt es hier nicht.

Hier, in der vereinzelten, zuschauenden Ohnmacht gegenüber dem Tun von Gewalttätern und dem billigenden und zustimmenden Zuschauer-Volk erkennt der Vater möglicherweise seine Schuld.

Die Geschichte des Vaters ist auch eine Geschichte der Schuld, des Versagens, der fehlenden Ideale, des Zögerns und Zauderns, statt des engagierten Eintretens für eine andere Situation mit Flüchtlingen und Sinti und Roma und Menschen mit Migrationshintergrund ...

Die Geschichte des Vaters als Politiker wirft einen besonderen Blick auf die Eskalation der Ereignisse in Rostock-Lichtenhagen:

Am Tag des Brandanschlags, der größten Eskalation, forderte der damalige Bundesinnenminister Rudolf Seiters auf einer Pressekonferenz in Rostock am 24. August 1992, der Staat müsse nun handeln. „Dabei richtete er sein Augenmerk allerdings weniger auf die zu diesem Zeitpunkt tobenden Gewaltexzesse in Lichtenhagen als auf eine Beschränkung der Zahl der Asylbewerber: „Wir müssen handeln gegen den Missbrauch des Asylrechts, der dazu geführt hat, dass wir einen unkontrollierten Zustrom in unser Land bekommen haben, ich hoffe, dass die letzten Beschlüsse der SPD, sich an einer Grundgesetzänderung zu beteiligen, endlich den Weg frei machen."(Zit. nach Wikipedia Artikel: Ausschreitungen in Rostock-Lichtenhagen)

In der Recherche zu den Ereignissen in Rostock Lichtenhagen kommt ein Journalist auf Zusammenhänge, die nahelegen, dass die eskalierende Situation bewusst herbeigeführt wurde, um deutlich zu machen: Das Boot ist voll – Deutschland kann keine weiteren Asylanten aufnehmen!

Seiner Recherche nach ist die Eskalation mit dem Mob auf der Straße durch zögernden und unsachgemäßen Polizeieinsatz wissentlich herbeigeführt worden.

„Noch während der Ausschreitungen von Lichtenhagen positionierte sich die SPD in der Frage einer Asylrechtsänderung mit der Petersberger Wende neu. Ausschreitungen wie die in Rostock zukünftig vermeiden zu wollen, diente als wichtiges Argument für eine Grundgesetzänderung. Am 6. Dezember 1992 beschloss der Deutsche Bundestag mit den Stimmen von CDU, CSU, FDP und SPD den Asylkompromiss. Durch die Änderung des Grundgesetzes (jetzt Art. 16a GG) und des Asylverfahrensgesetzes wurden die Möglichkeiten eingeschränkt, sich auf das Grundrecht auf Asyl zu berufen. Die Asylrechtsreform trat im Juni 1993 in Kraft. Daraufhin sank die Zahl der Asylbewerber in Deutschland kontinuierlich." (Zit. nach Wikipedia Artikel: Ausschreitungen in Rostock-Lichtenhagen)

„Vater, vergib ihnen, denn sie wissen nicht, was sie tun.",
sagt der Gekreuzigte bevor er stirbt. *(Lukas 23,34)*

Ob das die Hausbewohner auch gedacht haben, als Brandsätze in ihr Haus geworfen wurden und die Polizei sich zurückzog?
Sie fliehen auf das Dach ihres Hauses und über Dächer hinweg in ein Nachbarhaus. Hier suchen sie Zuflucht und Schutz bei anderen, deutschen Hausbewohnerinnen. Lange müssen sie suchen, vom 11. bis zum 6. Stock klopfen sie an und fragen nach, bis sich ihnen eine Tür öffnet.
Eine Arbeitskollegin erbarmt sich und öffnet ihre Tür, obwohl sie darin die Loyalität mit ihrem rechten, ausländerhassenden Freund bricht. Hier ist doch noch jemand, die im entscheidenden Moment Barmherzigkeit zeigt und Grenzen überwindet ...

Da sprach Jesus zu ihm: Weg mit dir, Satan! Denn es steht geschrieben (5.Mose 6,13): »Du sollst anbeten den Herrn, deinen Gott, und ihm allein dienen.«
Da verließ ihn der Teufel. Und siehe, da traten Engel zu ihm und dienten ihm. (Matthäus 4 10.11)

Den Kreislauf der Gewalt durchbrechen, die Ausgrenzung überwinden, nicht der Macht des Bösen verfallen ...
Leichter gesagt als getan:

Als Jesus vierzig Tage und vierzig Nächte gefastet hatte, hungerte ihn. Und der Versucher trat zu ihm und sprach: Bist du Gottes Sohn ...

In der Situation der pubertierenden Jugendlichen, die nichts suchen und doch alles, die sich spüren wollen und doch nicht empfänglich sind, ist es ein Leichtes für den einzig älteren Neonazi, die Jugendlichen für seine Interessen zu gebrauchen und im Hintergrund die Fäden zu ziehen. Er besorgt Benzin, Lappen und Flaschen für die Brandsätze, er besorgt den Alkohol, er fährt mit den Jugendlichen zu einem Strand, der schöner nicht sein könnte und doch schwarz-weiß bleibt, weil niemand so recht zu sich und zum anderen findet ...

Hier ist einer, der für klare Werte steht und die Jugendlichen mitnimmt ...

Genau darum könnte es eigentlich gehen: Für klare Werte einstehen, einander mitnehmen, nicht den Versuchungen verfallen: Also nicht auf Kosten anderer groß und stark werden! Nicht andere erniedrigen, um selber erhöht dazustehen auf der Zinne des Tempels oder dem Berg der Weltsicht. Nicht sich und andere verletzen und dadurch Schutzengel oder Polizei oder wen auch immer herausfordern ...

Wie kann ich groß und stark werden – und jung sein und älter werden und Lebensaufgaben finden? Wann ist ein Mann ein Mann?

Bei Jesus ist es klar: Als er den Versuchungen widerstanden hatte, *verließ ihn der Teufel. Und siehe, da traten Engel zu ihm und dienten ihm.*"

Der Film schildert, was passiert, wenn in einer Wüste – in einer Leere von Werten und Normen – Jugendliche groß werden. Wie können sie Versuchungen widerstehen? Wo können sie lernen? Kennen sie eine Tradition, mit der sie antworten können – wie Jesus dem Teufel antwortete in der Tradition seiner heiligen Schrift?

Als ein Reporter die Jugendlichen nach ihren Visionen fragt, verlässt der Film die Schwarzweiß-Szenerie. Hier könnte es bunt und lebendig werden. Einige Jugendliche sagen zögernd, was sie sich wünschen: Arbeit – Liebe – Familie – Leben. Also ganz normal sein! Persönliches Glück finden! Was aber passiert, wenn das so einfach nicht zu haben ist? Und was ist mit einem Traum, der nur das persönliche Glück sucht? Wo bleibt das Glück des anderen? Wo bleibt das Glück der Vietnamesen, wenn ich nur meinen Traum sehe? Von welchem Leben träumen wir?

Da sprach Jesus zu ihm: Weg mit dir, Satan! Denn es steht geschrieben (5.Mose 6,13): »Du sollst anbeten den Herrn, deinen Gott, und ihm allein dienen.«
Da verließ ihn der Teufel. Und siehe, da traten Engel zu ihm und dienten ihm.

„Gott" ist ein Wort, das sich nicht privatisieren lässt. „Gott" steht für den umfassenden Zusammenhang – für das Große, in dem der andere und die andere und auch ich so sein kann, wie ich bin. Träumen wir noch von „Gott"? Sind unsere Träume noch genährt von großen Visionen und Utopien, also von Orten, die noch nicht sind, aber sein könnten?

Jesus sagt: „Trachtet als erstes nach dem Reich Gottes und seiner Gerechtigkeit, alles andere wird euch dazu gegeben."

Trachtet nach einem Zusammenleben, das das Glück aller in den Blick nimmt, einem Zusammenleben, bei dem euch die andere mit heiliger Würde begegnet, in dem Brot und Wein geteilt werden ...
Mich hat der Film zunächst sprachlos gemacht:
In schwarzweiß gedreht, als sei alles eine Dokumentation – und als hätte es so sein können, weil es so oder anders auch war.
Mich hat der Film sprachlos gemacht und fragend zurückgelassen: Welche Werte und Normen leben wir als Gesellschaft? Was ist das Brot, das wir teilen, was ist unsere Moral?
Kaufen – und glücklich werden?

Welche Eindeutigkeiten haben wir gesellschaftlich zu bieten? Was sind unsere Träume und Visionen?
Wofür stehen wir? – Für eine Willkommenskultur mit geflüchteten Menschen und Menschen mit ausländischen Wurzeln?

Im Moment läuft in München der NSU-Prozess gegen eine rechte Terrorzelle, die mit Unterstützung vieler anderer zu dem wurde, was sie war.

Die Ermittlungen blieben auf dem rechten Auge blind ...
Nach den Anschlägen in Paris werden Sicherheitskräfte auf den islamistischen Terror vorbereitet ..., wir fragen uns, wie es dazu kommt, dass einige hundert Jugendliche zu islamistischen Gewaltbereiten werden – und ich frage mich, ob wir hier die Verhältnismäßigkeit der Mittel wahren ... – angesichts eines Stadtteils in Dortmund, in dem rechte, gewaltbereite und gleichgesellte Bürger das Sagen haben.
Sind wir immer noch und immer wieder auf dem rechten Auge blind?

„Rechts – Links, kann man nicht mal mehr normal sein?", fragt einer der Jugendlichen. Sind wir blind für eine Normalität, deren Ergebnis am Ende Brandanschläge sein können?
Welche Visionen leben wir?

Welche Eindeutigkeiten geben wir zu erkennen?
Wie gehen wir mit Gewalt um?

Ist Gewalt ein identitätsstiftendes Merkmal in unserer Kultur? Was bedeutet es, wenn wir Gewalt als Mittel zur Befriedung von internationalen Konflikten legitimieren?

Was bedeutet es, wenn sich in fast allen Filmen die Helden mit Gewalt durchsetzen und dadurch ihre Identität gewinnen?

Welche Visionen und Träume zeichnen sich hier ab?
Wessen Geistes Kinder sind wir?

„Ihr seid Gottes Kinder!" lehrt Jesus.

„Seht einander an! Ihr seid schön und frei und lebendig! Sucht und trachtet nach der Schönheit des Lebens. Sie ist da, im anderen, in euch, in der Kraft der Gemeinschaft."

"Das Reich Gottes ist mitten unter euch!"

„Wer gelernt hat, das Leben gut zu finden, der wird es auch gut behandeln." sagt der Theologe Fulbert Steffensky.

Er schreibt:

„Die Güte der Menschen setzt voraus, dass wir das Leben gut finden können, Geburt und Tod, Tag und Nacht, Jugend und Alter, Mensch und Tier und Pflanzen. Sie setzt voraus, dass wir es mit den Augen Gottes ansehen und sagen: Siehe, es ist gut. Dazu bedarf es gebildeter Augen und eines gebildeten Herzens. Man sieht nicht auf den ersten Blick, dass das Leben gut ist ...

Es gehört die Kraft des geduldigen Suchens dazu, die das Leben gut findet – oft nach langem Suchen.

Wer gelernt hat, das Leben gut zu finden, der wird es auch gut behandeln."

Also lasst uns lernen und nach Güte und Schönheit und Lebensfreude suchen und diese teilen – miteinander!

Amen

LIED   WO EIN MENSCH VERTRAUEN GIBT

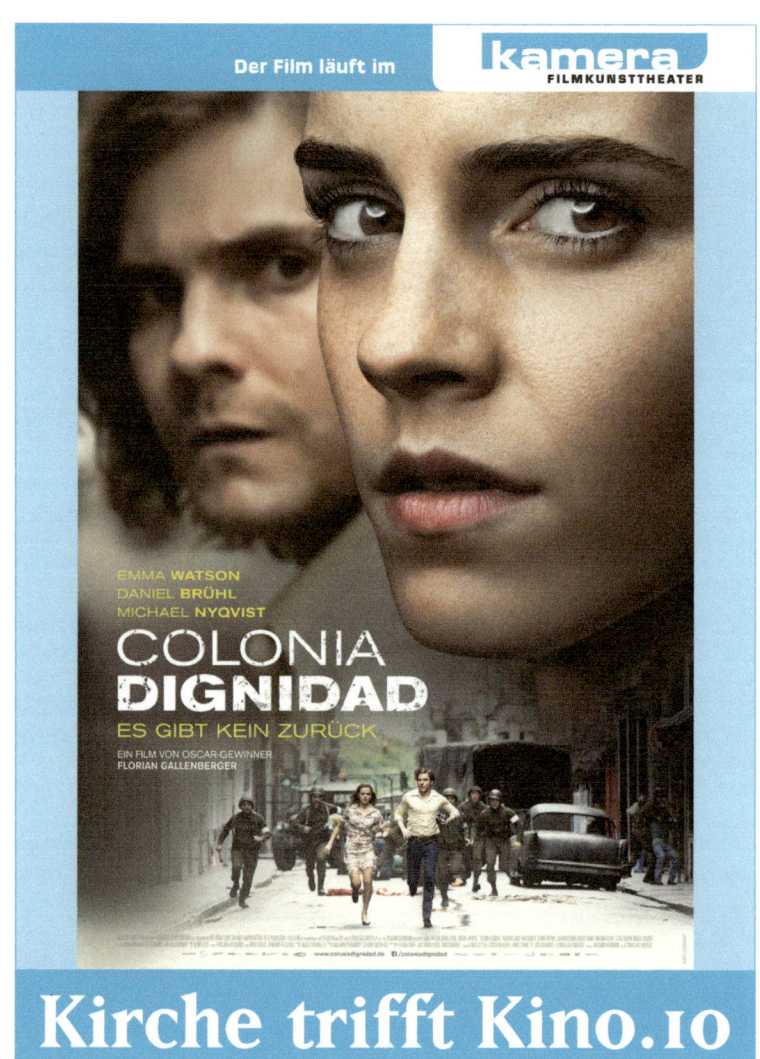

14. Februar 2016

MUSIK   **Andreas Kaling** (Saxophone), **Matthias Kosmahl** (Bass),
Bertold Becker (Piano), **Ruth M. Seiler** (Orgel).

„Weh denen, die Böses gut und Gutes böse nennen,
die aus Finsternis Licht und aus Licht Finsternis machen".
(Jesaja 5,20)

Colonia Dignidad – Es gibt kein Zurück

PREDIGT UND MUSIK ZUM FILM

MUSIK   AIN'T NO SUNSHINE,
               WHEN SHE'S GONE

„Weh denen, die Böses gut und Gutes böse nennen,
die aus Finsternis Licht und aus Licht Finsternis machen".
(Jesaja 5,20)

Colonia Dignidad – Kolonie der Würde. Zum Zeitpunkt des Militärputsches 1973 in Chile existierte diese ,Kolonie der Würde' bereits seit 13 Jahren. 1961 floh ihr Anführer Paul Schäfer mit einer Reihe Getreuer und Dutzenden von Kindern von Deutschland nach Chile, um dort ein christliches Leben im angeblich urgemeindlichen Sinn zu führen.

Wie kam es dazu, dass sich – in der Rückschau – so viele Erwachsene diesem Mann freiwillig anschließen konnten? Diese Frage wurde in meiner Familie über Jahre und Jahrzehnte immer wieder gestellt. Denn ich komme gebürtig aus dem westfälischen Gronau. Neben dem rheinischen Siegburg einem der Orte, in denen der spätere Sektenführer Paul Schäfer in den 50er Jahren als Prediger einer baptistischen Gemeinde gewirkt hat. Damals gehörte meine Familie zu eben dieser Gemeinde. Und aus vielen Erzählungen habe ich noch im Ohr, wie durch Indoktrination und Verleumdung, Bespitzelung und Verrat viele der frommen und – im besten Sinn gottesfürchtigen – Gemeindeglieder auseinandergebracht wurden.

Zwei Lager entstanden, die einen verwehrten den anderen den Zugang zum Gemeindehaus und zur Gebetsstunde. Ehen wurden geschieden – in einem kleinbürgerlich-frommen Milieu der Fünfziger Jahre einer freikirchlichen Gemeinschaft eigentlich undenkbar. Aus Freundschaften, die seit Kindertagen bestanden, wurden offene Feindschaften. Eine der besten Freundinnen meiner Mutter ging später mit nach Chile – es blieb eine zeitlebens offene Wunde im Leben meiner Mutter.

Das alles passierte aus Sicht der späteren Auswanderer nach Chile zunächst in völligem Gleichklang mit ihrer religiösen Überzeugung. Gottes Wille war für sie gleichbedeutend mit dem, was Paul Schäfer zusammen mit dem damaligen Prediger der Gemeinde sagte. Alles diente angeblich dem einen Ziel, ein gottgefälliges Leben zu führen. Wenn sich jemand einen neuen Anzug kaufen wollte, brauchte er zuvor die Zustimmung des Führers – eine Art Lichtgestalt in den Augen der Getreuen. „Hält Gott es für nötig, dass du den neuen Anzug brauchst? Oder ist es deine Eitelkeit? Gib das Geld dafür der Gemeinde."

Mein Großvater, ein frommer, einfacher und weiser Mann, hatte dieses System durchschaut. Sein Satz wurde in den folgenden Jahrzehnten – auch weit nach seinem Tod – in meiner Familie immer wieder zitiert: „Da liegt kein Segen drauf." Da ist mehr Schatten als Licht.

Als junger Mann erst hatte ich begriffen, was es damals bedeutete, dass meine gesamte Familie damals, Ende der Fünfziger, aus der Gemeinde ausgetreten war. Der Verlust so gut wie aller sozialen und freundschaftlichen Beziehungen. Mehr noch: es führte zu einer Identitätskrise. Um dann – in der evangelischen Kirche – eine neue Existenz und Heimat zu finden. Selber zu denken. Denken zu ‚dürfen'. Frei zu sein.

ORGELIMPROVISATION ZU EG 209
ICH MÖCHT', DASS EINER MIT MIR GEHT
(Melodie 1964)

Wie ist das mit unserer Suche nach Leben und Orientierung und Halt? Wie ist das mit bedingungslosem Gehorsam? Wir wissen: Wenn sich bedingungsloser Gehorsam auf Menschen bezieht, dann wird es ganz schnell problematisch. Doch: Wird es das wirklich? Wie ist das etwa beim Militär? Unbedingter Gehorsam – eine anerkannte Befehlsstruktur?

Und wie ist das in Fragen des Glaubens? Was ist, wenn sich Gehorsam nicht auf Menschen, sondern auf Gott – oder Christus bezieht?

Zwei Seiten mit der gleichen Frage: Wir lehnen im Prinzip Strukturen von Befehl und Gehorsam in weltlichen Zusammenhängen ab, weil sie zu blindem Gehorsam und Diktatur führen können. Was denken wir darüber in religiösen Zusammenhängen? „Du sollst Gott mehr gehorchen als den Menschen", heißt es.

„Ich bin das Licht der Welt.", sagt Christus. „Wer an den Sohn glaubt, der hat das ewige Leben. Wer aber dem Sohn nicht gehorsam ist, der wird das Leben nicht sehen, sondern der Zorn Gottes bleibt über ihm." (Johannes 3,36)

Ist es hier bedingungsloser Glauben, der rettet vor „Zorn" und „Gericht"? Wenn wir „Herrschaft" als Machtinstrument, als Struktur von Herr und Knecht, von Befehl und Gehorsam ablehnen, weil wir es nicht für frei, selbstbestimmt und mündig halten: Wie ist es dann um die Herrschaft Gottes bestellt?

Wenn wir über unsere Art zu glauben nachdenken, dann stellt sich die Frage: Wie ist das mit unserer Aufklärung und dem religiösen System? Der Philosoph Immanuel Kant sagt: „Aufklärung ist der Ausgang des Menschen aus seiner selbstverschuldeten Unmündigkeit. Unmündigkeit ist das Unvermögen, sich seines Verstandes ohne Leitung eines anderen zu bedienen. Selbstverschuldet ist diese Unmündigkeit, wenn die Ursache derselben nicht am Mangel des Verstandes, sondern der Entschließung und des Mutes liegt, sich seiner ohne Leitung eines anderen zu bedienen ... Habe Mut, dich deines eigenen Verstandes zu bedienen!"

Geben wir diesen Mut bei religiösen Fragen zuvor an der Eintrittstür des Glaubens ab? Akzeptieren wir im Glauben etwas, das wir mit gemeinem Menschenverstand nicht dulden würden? Zum Beispiel, wenn ein Vater seinen Sohn opfert? Warum denken wir den Tod Christi als von Gott gewollten Opfertod?

Was ist, wenn ein Teil der Menschheit in Finsternis bleiben soll, weil sie nicht glaubt, was in der biblischen Schrift steht? Wie ist das demnach mit Christus als dem „Licht der Welt" – mit Bekenntnis und Gehorsam? Wie kann ich meinen Glauben, mein Vertrauen, meine Hingabe an Christus als den Einen begründen?

Für mich liegt es an den Inhalten und der Struktur des Glaubens, die Jesus lehrt:

Jesus sagt: *„Ich bin das Licht der Welt."*, aber zugleich auch: *„Ihr seid das Licht der Welt."* Also: *„Ihr alle seid Kinder des Lichtes und Kinder des Tages"* **(1. Thessalonicher 5,5)**

Licht ist nichts Exklusives. Licht – die Wahrheit – das Leben ist nicht ohne uns, ohne unser Mittun, ohne unseren Verstand, unser Denken, unsere Kritik. Es ist Teil eines jeden Menschen: wir, die Gottverwandten! Wir sind nicht von der Wahrheitsfindung ausgeschlossen, sondern mittendrin in Licht und Leben, gleichberechtigt mit Christus! Und Gottes Herrschaft?

Jesus sagt: *„Ihr wisst: Die Herrscher der Völker unterdrücken die Menschen, über die sie herrschen. Und die*

Machthaber missbrauchen ihre Macht. Aber bei euch darf das nicht so sein: Sondern wer von euch groß sein will, soll den anderen dienen. Und wer von euch der Erste sein will, soll der Sklave von allen sein. Denn auch der Menschensohn ist nicht gekommen, um sich dienen zu lassen. Im Gegenteil: Er ist gekommen, um anderen zu dienen und sein Leben hinzugeben als Lösegeld für die vielen Menschen." **(Mk 10,42-45)**

Als Erlösung von der selbst verschuldeten Unmündigkeit. Der christliche Glaube selbst widerspricht dem bedingungslosen, blinden, religiösen Gehorsam an Gott. Gott ist nicht festgelegt und klar definiert. Er ist ein Mensch am Kreuz, sie ist eine Leidtragende, es ist ein Kind in Windeln gewickelt, er ist sie: mein Gegenüber, die Liebe, die Kraft, das Leben, das Licht. Nein, wir geben unseren Verstand nicht ab an der Tür des Glaubens. Denn:

„Zur Freiheit hat uns Christus befreit! So steht nun fest und lasst euch nicht wieder das Joch der Knechtschaft auferlegen!" **(Galater 5,1)**

LIED   **KOMMT HERBEI, SINGT DEM HERRN, RUFT IHM ZU DER UNS BEFREIT (EG RWL 577)**

Das Jahr 1973. Der Film nimmt uns mitten hinein in die Tage des Umbruchs von der Demokratie Chiles in eine Militärdiktatur. Tags zuvor verteilt der Deutsche Daniel – seit vier Monaten im Land – Flugblätter zugunsten des demokratisch gewählten sozialen Präsidenten Salvador Allende.

Daniel, Fotograf und noch dazu so etwas Ähnliches wie Plakatdesigner, wird von radikalen Anhängern des Sozialismus gebeten, ein Plakat Allendes zu gestalten. Es gefällt und wird überall plakatiert. Daniel kommt an.
Seine Freundin Lena, Stewardess bei der Lufthansa, kommt

auch an – in Chile. In seinem Herzen ist sie längst angekommen – und er in ihrem. In wenigen Bildern wird uns eine Nähe der beiden gezeigt, die echt und aufrichtig wirkt. Die Hitze des Lebens und die Schönheit der Liebe geben sich die Hand. Es ist die Ruhe vor dem Sturm.

Am 11. September 1973 putscht das chilenische Militär General Augusto Pinochet an die Macht. Alles ändert sich. Daniel und Lena müssen verschwinden. Als Gestalter der Plakate ist Daniel in Gefahr. Seine Freunde warnen ihn. Auf dem Weg durch die Stadt macht Daniel Fotos. Er kann es nicht lassen, will dokumentieren, was da an Menschenrechtsverbrechen passiert und hält das Licht der Kamera in die Finsternis der Diktatur. Sein Fotografieren fällt auf. Beide werden verhaftet. Die Verhafteten füllen das riesige Fußballstadion der Stadt.

In Anspielung an die historischen Ereignisse bringt der Film einen dokumentarischen Ausschnitt von dem, was damals geschah: Im „Estadio Nacional" werden an diesem 11. September mehr als 40.000 Gefangene zusammengetrieben. Am Ende des Tages sind mehr als 2.500 Menschen ermordet.

Die letzte Rede Salvador Allendes an sein Volk wird nur noch von einzelnen Radiostationen ausgestrahlt. Die Luftwaffe hat schon die meisten demokratischen Radiostationen bombardiert.

Allende sagt: „Ich werde nicht aufgeben! In diesem historischen Moment werde ich die Treue zum Volk mit meinem Leben bezahlen. ... Sie haben die Macht, sie können uns überwältigen, aber sie können die gesellschaftlichen Prozesse nicht durch Verbrechen und nicht durch Gewalt aufhalten. Die Geschichte gehört uns, und sie wird durch die Völker geschrieben." „Die Demokratie muss gelegentlich in Blut gebadet werden, damit sie fortbestehen kann." Das sagt General Augusto Pinochet später über das Radio an das Volk.

Im Stadion werden unterdessen Gewerkschaftsmitglieder

erschossen. Daniel wird in einen deutschen Rote-Kreuz VW-Bus gezerrt und verschleppt. Dahin, wo man deutsch spricht und die Würde kolonisiert – Colonia Dignidad.

Wir wissen heute, dass die Regierung der USA durch Milliardensummen seit 1963 zehn Jahre lang versuchte, die Macht der Gewerkschaften und der Sozialdemokratie zu schwächen, weil eine Verstaatlichung von Unternehmen und Banken befürchtet wurde.

Nachdem Präsident Salvador Allende mit Zustimmung des demokratisch gewählten Parlaments tatsächlich die Kupferindustrie – vormals in den Händen von US-geführten Unternehmen – verstaatlichte und Wirtschafts-Liberalisierungen zurücknahm, begannen die USA zunächst einen Wirtschaftskrieg gegen das kleine Land. Als Allende nicht abdankte, steuerten sie den Krieg des Militärs gegen das Volk. Es ist nicht der einzige und nicht der erste Krieg des Westens, der aus wirtschaftlichen Interessen geführt wird.

Wie lange ist der Irak-Krieg her? Mit einer Lüge wurde er begründet, aber was waren die Motive? Warum wurde Afghanistan bombardiert? Wer unterstützt die Militärregierung in Ägypten? Wer liefert Waffen nach Saudi-Arabien? Wer verdient und wer verliert? Der weltweite Terror ist auch

eine Folge langer staatlicher Menschenrechtsverletzungen zugunsten wirtschaftlicher Interessen. Es klingt nicht nur zynisch. Koste es für andere, was und wen es wolle.

Die Diktatur Pinochets jedenfalls wird für die USA ein lohnendes Geschäftsmodell. Und für Deutschland im Übrigen auch: Handelsbeziehungen florieren, und Franz Josef Strauß sichert deutsche Wirtschaftsinteressen und schüttelt dem Diktator und Bruder Pius (Paul Schäfer) die Hand.

Die Colonia Dignidad ist auch ein Geschäftsmodell. Alle arbeiten für die Gemeinschaft ohne jeden Lohn. Paul Schäfer besitzt Millionen. Seine Handwerker renovieren die Deutsche Botschaft. Vielleicht wäre die Colonia Dignidad als eines der erfolgreichsten Unternehmen seiner Zeit prämiert worden.

Heute heißt das Anwesen der Colonia Dignidad „Villa Baviera". Bayerisches Dorf. Paul Schäfer war ein Bayer. Wieviel hat Paul Schäfer zuvor an der Nutzung der Colonia durch den chilenischen Geheimdienst wohl verdient?

„Weh denen, die Böses gut und Gutes böse nennen, die aus Finsternis Licht und aus Licht Finsternis machen."

Verraten und verkauft sind alle Mitglieder der Colonia:

Geschäft ist Geschäft! Und gefoltert und verschwunden ist Daniel. „Ain't no sunshine, when he's gone" – „da ist kein Sonnenschein, wenn er gegangen ist", wird seine Freundin Lena geweint haben.

LIED	**WENN WIR IN HÖCHSTEN NÖTEN SEIN (EG 366, 1-5)** (Wochenlied)

„Mache dich auf, werde licht, denn dein Licht kommt, und die Herrlichkeit erstrahlt über dir!" (Jesaja 60,1)

„Ain't no sunshine, when he's gone". Lena macht sich auf, Daniel zu suchen. Sie fragt bei den Freunden nach. Aber diese haben den Kampf im Auge und nicht den einzelnen Menschen. „Wir kämpfen hier für eine viel größere Sache!" Hier geht es nicht mehr um den Einzelnen, als hätte die Sache jedes Gefühl für den Einzelnen verdrängt. Ist so auch das Licht in Finsternis verkehrt?

In der Colonia jedenfalls hat die „Sache", hat Paul Schäfer als Pius, als der Hirte, als der Diktator, jedes Gefühl des Einzelnen verdrängt. Hier wird nicht gefühlt. Wie bei einem großen, schmerzlichen Trauma scheinen alle nur noch zu funktionieren. Keinen Schmerz zeigen, keine Gefühle zulassen, denn: „Es ist des Herren Wille."

Lena liebt, sie ist im Licht. Gerade weil alles um sie herum so finster ist, wirkt diese Liebe so echt und kongruent. Es gibt eine Form von Liebe, die blind macht. Lena will sehen: Licht ins Dunkel bringen, wissen, wo ihr Freund ist. Lena begibt sich freiwillig in die Welt hinter den Zäunen. „Colonia Dignidad – Es gibt kein Zurück".

„Und das Licht scheint in der Finsternis, und die Finsternis hat's nicht ergriffen." (Johannes 1,5)

Daniel hat die Folter überlebt. Weil er sich als hirnverletzter Idiot ausgibt. Er bekommt einen neuen Namen und wird zum „Hans". Ein Mensch mit Behinderung, der den Durchblick hat und alles mitkriegt, weil ihm niemand etwas zutraut. So kann es Menschen mit Behinderungen ergehen. Sie werden immer wieder unterschätzt.

Ein Blinder sieht das Licht dieser Welt – so erzählt es das Evangelium. (Johannes 9)

MUSIK   THE FOOL ON THE HILL

In der „Kolonie der Würde" ist „Liebe" nicht zugelassen. Sie scheint wie ein Angriff auf die Gesamtheit des Systems. Denn: Was macht Liebe mit Menschen? Sie macht solidarisch, sie schafft Verbindungen, sie ist sich selbst nicht genug. Was ist, wenn das Volk, das im Finsteren wandelt, ein großes Licht sieht (Jes 9,2)? Was wird werden, wenn die Liebe Schmerzen offenlegt, Solidarität stiftet und Augen öffnet?

„Wer Böses tut, der hasst das Licht und kommt nicht zu dem Licht" – schreibt der Evangelist Johannes.
Recht hat er.

Eine Szene des Films erzählt, wie sich in der Kolonie eine Frau in einen Mann verliebt und ihn heiraten möchte. Sie wird öffentlich gedemütigt. „Die Finsternis soll aus ihr weichen.", sagt Paul Schäfer. Er weiß, wie gefährlich Liebe sein kann, denn Liebe und Freiheit sind Geschwister.
Als Daniel und Lena sich wiederfinden, sagt er zu ihr: „Es tut mir so leid, dass sie dich hergebracht haben". Und Lena wispert: „Niemand hat mich hergebracht. Ich bin gekommen, um dich zu finden." Dass Selbstbestimmung möglich ist, scheint fast aus Daniels Kopf gewichen zu sein.
Selbstbestimmt lieben und frei sein und das Unrecht hinter sich lassen. Daniel sagt: „Das geht nicht, ohne das Unrecht aufzudecken. Wenn wir fliehen, muss anschließend Licht in die Dunkelheit kommen."
Lena hält ihn für naiv. Hauptsache, das eigene Leben retten. Sie sieht zunächst nur Daniel – denn Liebe kann blind

machen. Ihr gehen die Augen auf, als eine weitere Frau ihr ihre Geschichte anvertraut. Die Frau macht sich verletzlich, auch sie liebt. Hier entsteht eine Solidarität zwischen Liebenden. Liebe und Freiheit sind Geschwister – und so nimmt Lena sie mit auf ihre Flucht. Liebe braucht Freiheit!

Am Ende des Films will Daniel vor allem fliehen, jetzt ist es Lena, die – kurz vor dem Ziel – noch einmal umkehrt und die Fotos von den Folterkammern der Colonia rettet: Lichtbilder vom Schattenreich des Todes. „Wir müssen der Welt zeigen, was hier passiert." Freiheit lässt sich nicht privatisieren. Und Liebe auch nicht. Beide zielen auf die Würde und Freiheit aller.

> *„Ihr seid das Licht der Welt!" sagt Jesus. „Es kann die Stadt, die auf einem Berge liegt, nicht verborgen sein. Man zündet auch nicht ein Licht an und stellt es unter einen Krug, sondern auf einen Leuchter; Licht leuchtet allen, die im Hause sind."* (Matthäus 5,14-15)

LIED   **SONNE DER GERECHTIGKEIT (EG 262,1-4)**

Was passiert eigentlich mit den Menschen, die vor Terror und Krieg fliehen und an der Grenze ihres Lebens stehen, weil ihnen der Eintritt in ein sicheres Land verwehrt wird? Was, wenn Lena und Daniel bei ihrer Flucht an der Grenze gescheitert wären?

Mich beeindrucken Menschen, die zivilcouragiert anderen helfen und dabei Barrieren und Befehle missachten, aber Leben retten. Mich beeindrucken Menschen, deren Liebe zum Leben so stark ist, dass sie sich von der Macht der Gewalt nicht schrecken lassen.

Letztlich ist auch das Ende der Colonia Dignidad, die Verurteilung von Paul Schäfer und seinen Schergen mutigen Journalisten zu verdanken. Einem Ethos, das der Wahrheit verpflichtet ist. Mich beeindruckt, wenn Menschen in Wort und Bild Licht ins Dunkel bringen und der Wahrheit verpflichtet sind. Wir brauchen sie, die Reporter ohne Grenzen, die mutigen Journalistinnen in Radio und Fernsehen.

Mich beeindruckt die innere Triebfeder, gespeist von der Sehnsucht nach Menschlichkeit und Freiheit. Mutige Liebe zum Leben für alle Menschen. Unabhängig von Hautfarbe, Religion, Nationalität. Gott sei Dank. Wir brauchen sie, diese Geschwister Jesu! Sie sind mitten unter uns.

Amen!

MUSIK **CHORAL-JAZZ ZU EG 295 WOHL DENEN, DIE DA WANDELN**

Fürbitten-Gebet

> **Gott, du Raum der Freiheit, du Weite unseres Herzens,**

> *Wir bitten für alle, die aus religiösen, politischen oder rassistischen Gründen verfolgt werden: Sieh auf das Unrecht, das ihnen widerfährt und schenke ihnen deine Nähe, das heißt die Nähe von Menschen guten Herzens, die Nähe der Solidarität, die Nähe des Gedenkens.*

> *Wir bitten auch für die Verfolger: Öffne ihr Herz für das Leid, das sie anderen antun. Lass sie sich selber in den Opfern ihres Handelns erkennen.*

> **Gott, du Raum der Freiheit, du Einheit in Vielfalt,**

> *Wir bitten dich um die Freiheit und Vielfalt der Presse, dass sie sich nicht gleichschalten lässt durch Verkaufszahlen und Marktkonformität. Wir bitten um den weiten Blick und das offene Herz, die gute Recherche, den Sinn und den Mut für Gerechtigkeit und Freiheit.*

Gott, du Raum der Freiheit,
du Grund der Liebe,

Wir bitten dich für alle Liebenden, dass sie einander bei-
stehen, dass ihre Liebe nicht einengt und ausschließt das
Leben und die Welt und die Freiheit.

Lass uns nicht zu eng denken, fühlen und handeln, Gott.
In dir sind wir auf diese eine Welt bezogen, lass sie für uns
und alle Menschen ein Zuhause werden, in dem Gerechtig-
keit wohnt und – du weißt es schon – Brot und Wein geteilt
werden.

Darum beten wir, wie Jesus es uns gelehrt hat:

Vater unser ...

Der Film läuft im **lichtwerk** IM RAVENSBERGER PARK

DER **WEIN** UND DER **WIND**

EIN FILM VON
CEDRIC **KLAPISCH**

PIO **MARMAÏ** ANA **GIRARDOT** FRANÇOIS **CIVIL** JEAN-MARC **ROULOT** MARIA **VALVERDE**

Kirche trifft Kino.13

27. August 2017

MUSIK   **Andreas Kaling** (Saxophone), **Michael Kosmahl** (Bass),
Bertold Becker (Piano), **Ruth M. Seiler** (Orgel).

„Schmecket und sehet"

(Psalm 34,9)

Der Wein und der Wind

PREDIGT UND MUSIK ZUM FILM

Gnade sei mit euch und Friede von dem, der ist,
der war und der sein wird. Amen

„Der Wein und der Wind"

Der Wein ist in der biblischen Tradition ein kostbares Getränk. Schon ein Schluck reicht, um zu schmecken und zu sehen, wie freundlich der Herr ist.

Wer Wein schmeckt, schmeckt mehr. Das Schilfmeer, das sich bei der Flucht der Menschen Israels aus dem Schreckenshaus der Knechtschaft auf wundersame Weise auftat und einen Weg freigab, hinauf ins gelobte Land.

Wer Wein schmeckt, schmeckt mehr. Er ahnt, wohin die Reise geht: in ein Land des Friedens. Nur in Friedenszeiten kann man Überflüssiges tun und einen Weinberg anlegen, Zeit haben, wachsen lassen, Trauben ernten, den Saft gären lassen, warten, ein Fest feiern. Der Wein schmeckt nach mehr: nach Frieden und Freiheit und Auskommen und Lebensfreude.

In Syrien kann man im Moment keinen Wein anbauen, auch nicht in Afghanistan, nicht im Jemen, und die alten familiären Weinberge und Olivenhaine der palästinensischen Familie Nassar mit eigener Besitzurkunde auf einem Hügel, der von Israel immer wieder gewaltsam gerodet wird.

Wer Wein schmeckt, die schmeckt mehr. Sie schmeckt im Wein den Frieden.

Wenn Jesus im Abendmahl mit seinen Freundinnen und

Freunden Wein teilt, dann ist es diese Wegzehrung für das Land der Güte und Schönheit und Verschwendung: Friede sei mit Dir!

Wein ist – wie jeder Alkohol – eine Droge und ein Suchtmittel. Der Wein, um den es hier – im biblischen Zusammenhang – geht, braucht nicht den Alkohol. Ihn kann ich schmecken, ohne zu trinken. Der Wein, der bei Jesus nicht ausgeht, macht süchtig nach einem Land, in dem Brot und Wein – Lebensmittel und Überfluss – geteilt werden. Der Wein Jesu vernebelt nicht, sondern schärft die Sinne:

Der Wind ist sein Pendant. Wind ist im biblischen Kontext ein Bild für den heiligen Geist. Frischer Wind überfällt die Freundinnen und Freunde Jesu an Pfingsten. Die Geschwister Jesu teilen diesen neuen Geist, heißt es.

Der Wind: Er schärft die Sinne, um das Ziel in den Blick zu nehmen und nicht aus dem Auge zu lassen: das Reich Gottes. Geteilter Wein des Friedens – frischer Wind des Lebens.

LIED	ER IST DAS BROT, ER IST DER WEIN (EG 228)

In dem Film „Der Wein und der Wind" macht sich der älteste von drei Geschwistern schon früh von zu Hause auf. Er verlässt das Weingut seiner Eltern, ohne an das Erbe zu denken.

Jean hat zu Hause keine Freiheit gefühlt. Den Vater erlebt er als übermächtig und bestimmend und die Familie als zu eng für seine Träume von Freiheit und Weite. Er, der so verlorene Sohn, macht sich auf den Weg aus seiner gefühlten Gefangenschaft in das Land der Freiheit, das er nicht kennt. Er ist auch auf der Suche nach etwas, das er zu Hause durch die Beziehung zu seinem Vater scheinbar verloren hat: Anerkennung, Achtung, Freiraum, Entfaltungsmöglichkeiten.

Sein Ziel ist das schöne, einfache, schnelle, spannende Leben, wie ein junger Wein: leicht im Geschmack, hell in der Farbe, nicht lange gelagert. Der Weg scheint das Ziel – und,

ob er will oder nicht: Er hat sein Erbe angetreten, weil er die ungestillte Sehnsucht nach Anerkennung mitnimmt.

Es ist richtig, dass sich Kinder auf den Weg machen und in die weite Welt hinausgehen. Wir alle sind irgendwann tatsächlich eigene Wege gegangen. Aber: Finden wir, was wir suchen?

Am Anfang des Filmes kommt Jean, der älteste der drei Geschwister, der Verlorene, mit einem Rucksack eine Straße entlang und erzählt uns, den Zuschauerinnen und Zuschauern, seine Geschichte. Es ist, als trage er mit dem Rucksack zugleich seine Vergangenheit, seine Gegenwart und auch seine Zukunft.

Ob wir wollen oder nicht, es stimmt: Wenn wir gehen, wenn wir kommen – wir alle tragen unser familiäres Erbe wie einen Rucksack auf den Schultern. In der Regel ist das kein leichtes Gepäck. Er ist beladen mit allerlei. Der Rucksack dient als Kleiderkammer für verschiedene Anlässe. Nicht für alle Situationen sind die passenden Klamotten eingepackt, aber zumindest sind wir nicht nackt.

Der Rucksack kann ein Zelt bereithalten als Rückzugsraum und Schutz. In ihm finden sich Werkzeuge, die wir wahrscheinlich nicht alle brauchen und die zuweilen mehr zerstören als reparieren.

Und oft ist er viel zu voll, der alte Rucksack. Wir kommen wie Jean alle mit Gepäck des Weges. Doch auch wir sind eingeladen, innezuhalten, auszupacken, zu sortieren und am Ende mit neu bepacktem Rucksack leichter die Reise fortzusetzen.

„Ab heut nur noch die wichtigen Dinge. Ab heut nur noch leichtes Gepäck" singt die Band Silbermond im Radio. Was ist mein leichtes Gepäck? Obwohl wir den Rucksack, unser familiäres Erbe, nicht freiwillig tragen, sind wir doch immer auch frei, daraus das Eigene zu machen und den eigenen, neuen Weg zu finden. Wie also gehen wir um mit dem familiären Erbe?

Im Film erben die Geschwister nach dem Tod des Vaters den familiären Weinberg; das, was die Väter und Mütter in jahrelanger Arbeit und mit großen Entbehrungen aufgebaut haben.

„Du sollst Vater und Mutter ehren, auf dass du lange lebst in dem Land, das Gott dir schenkt."

Wie geht es weiter mit dem Weinberg? Nur gemeinsam können sie entscheiden, was sie daraus machen: Verkaufen? Alles? Oder anteilig nur einzelne Parzellen? Oder doch das ganze Haus, in dem sie wohnen und aufgewachsen sind? Sie werden nur in Gemeinschaft und miteinander in dieser Frage weiterkommen ...

Wie teilen wir unser Erbe? Wird unser Rucksack leichter, wenn wir dem anderen etwas gönnen? Wenn wir nicht nachtragend sind? Wenn wir verzeihen lernen und Schuld vergeben? Wenn wir freigeben und gewähren statt verurteilen und richten? Wie finden wir einen Weg in Achtung vor dem Erbe und in Freiheit, neu zu gestalten?

MUSIK   **DAYS OF WINE AND ROSES**

Jean, der Älteste, ist ausgezogen nach dem Motto: *„Wer seine Hand legt an den Pflug und sieht zurück, der ist nicht reif für das Reich Gottes."*

Jahrelang hatte er keinen Kontakt mehr zu seiner Familie. Jetzt kommt er zurück, weil sein Vater im Sterben liegt. Er will mit seinem Vater die Beziehung klären und ins Reine bringen. Doch er sieht sich auch den Vorwürfen seiner Geschwister ausgesetzt. „Warum hast du dich nie gemeldet? Was war, als Mutter starb und du kein einziges Mal ein Signal gegeben hast?" Streit entbrennt unter den Geschwistern.

Matthäus 5,21-24, Matthäus 7,3-5

Ihr habt gehört, dass zu den Alten gesagt ist (Ex 20,13):
„Du sollst nicht töten!" ...
Ich aber sage euch dazu: Schon wer auf seinen Bruder oder seine Schwester wütend ist, gehört vor Gericht ...
Stell dir vor: Du bringst deine Opfergabe zum Altar und dort fällt dir ein: ›Mein Bruder, meine Schwester hat etwas gegen mich.‹ 24 Dann lass deine Opfergabe vor dem Altar liegen. Geh zuerst hin und versöhne dich mit deinem Bruder oder deiner Schwester.
Dann komm zurück und bring deine Opfergabe dar.
Du siehst den Splitter im Auge deines Gegenübers.
Bemerkst du nicht den Balken in deinem eigenen Auge?
Wie kannst du zu deinem Gegenüber sagen:
›Komm her!
Ich zieh dir den Splitter aus deinem Auge.‹
Sieh doch:
In deinem Auge ist ein Balken!
Du Scheinheiliger!
Zieh zuerst den Balken aus deinem Auge!
Dann hast du den Blick frei,
um den Splitter aus dem Auge
deines Gegenübers zu ziehen.

Jean kommt nicht nur zurück, weil sein Vater im Sterben liegt und die Geschwister ihn benachrichtigt haben. Er kommt auch, weil er klären muss, was ihn an seinem Leben hindert und wie es weitergehen kann: Soll er sich langfristig binden? Ist er geliebt und wertgeschätzt und gebraucht? Wo ist sein Zuhause?

Er ist der verlorene Sohn, auch weil er nicht weiß, wie sein Weg in der Ferne weitergeht. „Es gibt nichts Wichtigeres auf Erden, als zu lieben und geliebt zu werden." (Wilhelm Busch). Aber, wie geht das? Wenn wir unsere Wurzen nicht würdigen können, wenn wir unsere Herkunft verleugnen, wenn wir unsere Vergangenheit abstreifen und bis ans andere Ende der Welt fliehen: Gelingt da ein eigener Stand?

„Wer sucht, der findet, und wer anklopft, dem wird aufgetan", sagt Jesus. Finden wir eine Liebe, die alte Wunden heilt und in der wir uns dem Himmel entgegenstrecken können?

LIED   **DIR BRINGEN WIR DIE UNGELEBTEN TRÄUME**

Jean, der Protagonist des Filmes, kommt nach fünf Jahren ohne Kontakt wieder nach Hause, zu seiner Schwester und zu seinem Bruder. Die Szene ist so reich wie die Geschichte vom verlorenen Sohn. Die Schwester nimmt ihren geliebten Bruder in die Arme. Sie bewertet nicht, sie nimmt an und auf.

„Die Liebe ist langmütig und freundlich. Sie rechnet nicht auf, sie sucht nicht das ihre ..."

Als der jüngere Bruder nach Hause kommt, „hört er Tanzen und Lachen" – wie es beim Evangelisten Lukas heißt:

„Er fragt den Diener, was das wäre. Der aber sagte ihm: Dein Bruder ist gekommen" (Lukas 15,27).

Die Schwester hat Kaffee gekocht und beide sitzen in der Küche.

„Da wurde der Bruder zornig – und sagte: So viele Jahre diene ich und habe nie ein Gebot übertreten"

Warum hast Du dich nicht gemeldet, Jean? Warum bist du nicht zur Beerdigung unserer Mutter gekommen? Warum hast du es dir leichtgemacht, während wir hier unseren Vater gepflegt haben? Seine Schwester entgegnet:

„Dieser, dein Bruder war tot und ist wieder lebendig geworden, er war verloren und ist gefunden worden."
Und du freust dich nicht?

Noch während sie sich streiten, werden die Geschwister zur Arbeit gerufen. Sie steigen in den Keller hinab und müssen zusammenarbeiten; anders geht es nicht. Dabei passiert es: Der jüngere Bruder bittet um Entschuldigung für die harten Worte – und der älteste dafür , dass er sich nicht gemeldet hat.

In diesem gegenseitigen Entschuldigen, Freigeben und Annehmen entsteht ein Raum, in dem der Älteste sich erklären kann – und die anderen ihn verstehen. Sie können ihre Meinung und ihren Ärger sagen, ohne zu verletzen. Sie lernen, dass jeder von ihnen einen eigenen Rucksack trägt und versucht, das Beste daraus zu machen – selbst dann, wenn es manchmal nicht gelingt. Sie gewähren einander Zeit. Nicht alles muss sofort und jetzt gleich sein. Es ist wie mit dem Wein: Manches muss erst reifen und braucht seine Zeit.

Mich beeindruckt, wie die Geschwister im Folgenden miteinander umgehen: Sie entscheiden gemeinsam, wann die Weinlese beginnt. Sie lassen einander den Vortritt, hören aufeinander und auf den Ratschlag des alten familientreuen Mitarbeiters. Es ist, als lebten sie uns vor, was wir in vielerlei Hinsicht miteinander lernen können: Gelten lassen, nicht abwerten; Zeit einräumen zum Reifen und Verstehen; gemeinsam statt alleine den Weg suchen.

Im Film suchen die Geschwister einander, geben sich Halt und fragen nach einem gemeinsamen Weg. Sie haben mit ihrem Erbe gelernt sich zu achten.

 **MUSIK**
HINEH MA TOV
(Text nach Psalm 133,1; Trad.)

Der älteste Sohn hat auf seiner Reise in der Ferne – und zusammen mit der Lebensgefährtin – einen Weinberg gekauft. Wie könnte es mit seinem Rucksack auch anders sein? Und sie haben einen Sohn bekommen.

Ein Weinberg, eine komplizierte Liebe: aufeinander angewiesen sein, einander brauchen – oder doch lieber frei sein? Jean jedenfalls ist sein Rucksack zu schwer geworden. Er findet seinen Weg gerade nicht.

Dafür finden die Geschwister beim Aufräumen einen Brief des verstorbenen Vaters an Jean, den der Vater nie abgeschickt hat. Jean, der Verlorene, hatte seinem Vater vor Jahren geschrieben. Er wollte erklären, warum er gegangen war, wollte neu die Beziehung zu seinem Vater aufnehmen, wollte seinen Rucksack aufräumen.

Auf diesen Brief hatte Jean jahrelang gewartet. Und jetzt, endlich, findet der nicht abgeschickte Brief das Herz seines

Adressaten. Jean findet seinen Vater wieder. Er spürt endlich Anerkennung, Liebe, Stolz und auch ein weites Herz. Hände berühren und drücken sich.
Mit den Händen finden sie sich wieder, Vater und Sohn. Mit den Händen finden sie sich wieder, Jean, der Älteste und seine Lebensgefährtin Alicia. Beim gemeinsamen Spülen des Geschirrs umschließen sich die Finger. Hände werden zu Worten, ohne zu reden ...
Mit Worten sind sie noch nicht so weit wie mit den Händen. Jean und Alicia fragen sich, ob sie sich nicht mehr Zeit geben sollten zum Reifen – wie der Wein. Und fragen auch danach, ob neben jungem, lebenshungrigem Wein nicht auch der alte, reife, tiefe, liebesrote, schwere Wein seine Berechtigung hat.

Liebe braucht den Raum zum Reifen – und ist wie ein guter Wein: Sie wird mit der Zeit besser, aber sie ist auch mit viel Arbeit verbunden. Und: Liebe braucht Wurzeln, der eine wie die andere. Wo sind unsere Wurzeln? Schmecket und sehet.

MUSIK   **CHORAL-JAZZ ZU EG 376**
                     SO NIMM DENN MEINE HÄNDE

Als die Weinlese vorüber, der Wein geerntet ist und in den Fässern gärt, feiern sie alle ein Fest: Alle Arbeiterinnen und Arbeiter im Weinberg. Es wird getanzt, gesungen und gelacht, Hautfarben mischen sich, Traurigkeit und Lachen, Schmerz und Freude, Einsamkeit und Verlangen.
Es ist, als wären sie schon da, wo Brot und Wein geteilt werden, wo Hautfarben, Besitzverhältnisse und Alter keine Rolle spielen und das Leben gelingt. „Ladet sie alle ein zu diesem Fest" sagt Jesus in dem Gleichnis vom großen Festmahl. Es ist ein Fest der Wandlung. „Schmecket und sehet".
Jean, der lebenshungrige Liebhaber des schnellen Weines, bleibt seiner Lebensgefährtin treu. Es ist, als ob er zu seinen Wurzeln, den tiefen, reifen, tragfähigen findet.

Marcel, der Jüngste, fährt nicht nach Hause in das Gut seiner Schwiegereltern, sondern bleibt seinen Geschwistern treu und besinnt sich seiner familiären Wurzeln. Sie werden ihm helfen, sich gemeinsam mit seiner Frau aus den Fängen der Schwiegereltern zu befreien. Und Juliette, die Schwester, findet sich als Frau und weiß anschließend, dass sie das Weingut der Familie leiten will.

Nach einem längeren Prozess der Reifung und der Auseinandersetzung mit dem Erbe finden die Geschwister am Ende eine Lösung, wie sie das Erbe ihrer Eltern erhalten und zugleich miteinander teilen können. Sie geben einander frei, sie nehmen aufeinander Rücksicht, sie achten sich und ihre Unterschiedlichkeiten; und sie ehren Vater und Mutter.

Sie kosten miteinander einen alten, reifen Wein. Und sie schmecken und sehen den ersten Wein der neuen Generation – mit Verzicht auf Gift und Chemie beim Anbau. Es ist, als wolle sie, die neue Generation, die Erde anders bebauen und bewahren und das Reich Gottes herbeizaubern: mit Arbeit, Temperament und ganz viel Freiheit füreinander.

Der Film nimmt uns mit auf eine Reise, die Reifungszeit braucht und die Abfolge von Sommer, Herbst, Winter und Frühjahr. Mit dieser Verschmelzung von Zeit, die der Weinanbau braucht und die die Geschwister brauchen, spielt der Film: sich einander anzunähern und gemeinsam Lösungen und eine gute Zukunft zu finden. Alles braucht seine Zeit: Reifung, Freiraum, Akzeptanz, Gewähren lassen, Unklarheit, Klarheit, Arbeit, Ruhetage.

Als Jesus mit seinen Freundinnen und Freunden das Brot und den Wein teilt, ruht die Arbeit. `Vertraut – glaubt – findet Wurzeln – richtet euch auf!´ sagt er, das Reich Gottes ist da! *„Schmecket und sehet, wie freundlich Gott ist."* Selbst, wenn nicht immer alles gelingt, gibt es doch immer die Kraft, in der wir getragen sind mit unserem Rucksack.

Es ist eine Kraft, mit der der Rucksack leichter wird, weil die Liebe langmütig ist und freundlich, weil sie das Böse nicht aufrechnet und Schuld vergibt.

In den Rückblenden des Films findet Jean seine neue Kraft in einem Gespräch mit sich selber. Er begegnet sich selbst als Kind. Das Kind in ihm fragt, was er verliert, wenn er lässt und schenkt und freigibt.

> `Wenn ihr nicht werdet wie die Kinder, werdet ihr nicht in das Reich Gottes hinein kommen´, sagt Jesus. `Und er nahm die Kinder an sein Herz und segnete sie.´ (Mk 10,15-16)

Der Film endet, wie er begann. Jean ist auf den Weg mit einem Rucksack. Aber jetzt – auf diesem Weg – geht er nach Hause. Er hat gefunden, wonach er suchte. Sein Rucksack, sein Erbe, der alte und junge Wein sind neu sortiert und gepackt. Jean hat alte Beziehungen neu geknüpft und eine Kraft gespürt, die ihn durch das Leben tragen wird.

> „Was ist das höchste Gebot?", wird Jesus einmal gefragt.

Im Kontakt mit ihm wird der Fragende selber die Antwort geben:

> „Liebe Gott, deinen Gott, den Einen, von ganzem Herzen, von ganzer Seele und mit all deiner Kraft. Das andere ist dem gleich: Liebe deinen Nächsten wie dich selbst".
> (Markus 12,28-31; Lukas 10,25ff)

Amen

LIED   WO MENSCHEN SICH VERGESSEN, DIE WEGE VERLASSEN

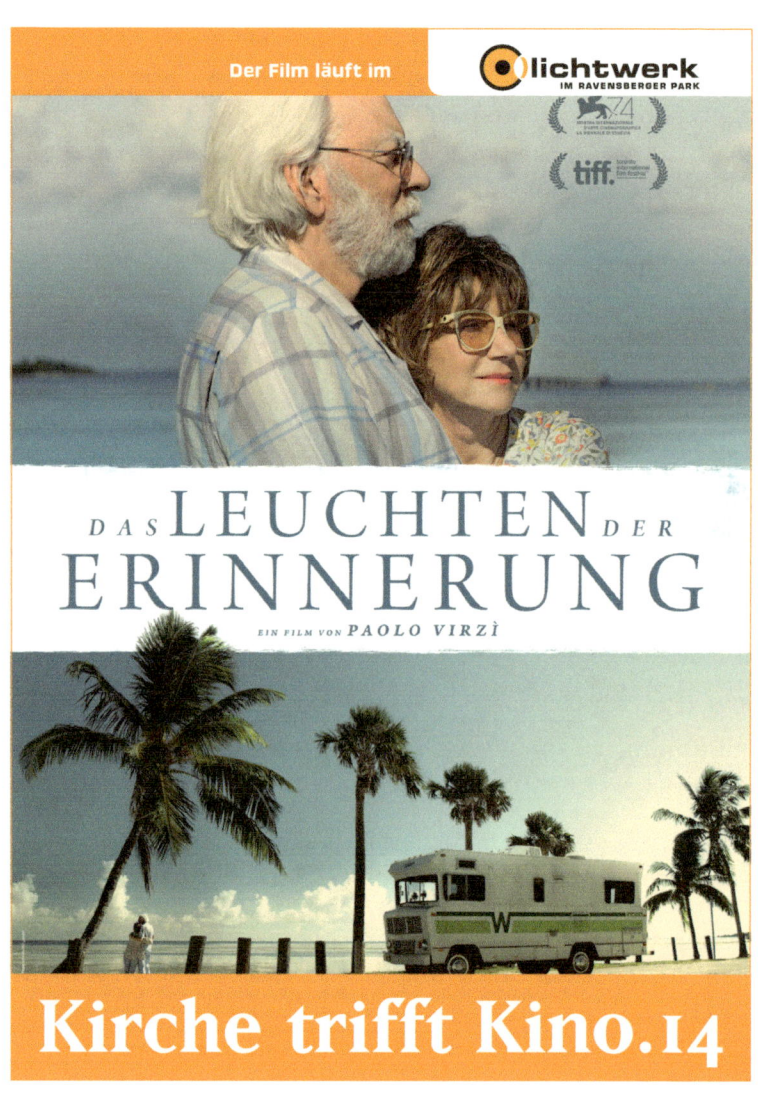

28. Januar 2018

MUSIK   **Andreas Kaling** (Saxophone), **Matthias Kosmahl** (Bass),
Bertold Becker (Piano), **Ruth M. Seiler** (Orgel).

*„Wo du hingehst, da will ich auch hingehen; wo du bleibst,
da bleibe ich auch."* (Rut 1,16)

Das Leuchten der Erinnerung

PREDIGT UND MUSIK ZUM FILM

*„Wo du hingehst, da will ich auch hingehen; wo du bleibst,
da bleibe ich auch."*
Wo gehst du hin, Mensch? – Quo vadis?

*„Lehre uns bedenken, dass wir sterben müssen, auf dass
wir klug werden."* (Psalm 90,12)

Was würden wir tun, wenn wir dem Ende ins Auge sehen?
Der Film „Das Leuchten der Erinnerung" erzählt von Ella und
John, einem älteren, glücklich verheirateten Paar. Mit ihrem
schon betagten Wohnmobil machen sie sich auf, in den Süden
der USA zu reisen. Sie wollen noch einmal unterwegs sein,
frei sein, so wie früher.

„Leasure Seeker", Erholungssuchender – so hatte Ella,
die Ehefrau, den Camper getauft. Sie machen sich auf, um
Spuren in ihrem Leben wiederzuentdecken: Sie wollen an
die Orte ihrer Erinnerung und Liebe reisen ...

Was zunächst wie eine anarchische Urlaubsreise von
zwei leicht durchgedrehten und durchaus sympathischen
Alten aussieht – heimlich verlassen sie früh morgens ihr
Zuhause, ohne den erwachsenen Kindern, geschweige denn
der jahrzehntelangen Nachbarschaft Bescheid zu sagen –
das wirkt nicht nur wie eine Suche nach dem Glück, sondern
auch wie eine Flucht aus der Wirklichkeit in die Vergangenheit. Die Sehnsucht nach einer besseren, früheren Welt.

„Mach's noch einmal, Sam" sagt Ingrid Bergmann in Casa-
blanca. Und dann erklingt „As time goes by" – wir hören es jetzt.

MUSIK   AS TIME GOES BY

John leidet unter Gedächtnisverlust. Trotz seiner Demenzerkrankung steht seine Fahrtüchtigkeit auf der langen Reise an der Ostküste der USA von Massachusetts in den Süden nach Key West nie wirklich in Frage. Nach und nach erfahren wir, dass auch Ella todkrank ist. Als sie ihre Perücke abnimmt, erkennen wir ihre kurzen weißen Haare als Folge ihrer Chemo-Therapie. Immer öfter nimmt sie immer mehr Tabletten und erleidet am Ziel der Reise einen Schwächeanfall, der in einem kurzzeitigen Krankenhausaufenthalt endet.

Skurrile Situationen erleben wir als Zuschauer, bei denen uns das Lachen manchmal im Hals stecken bleibt. Da textet John, der ehemalige Literatur-Lehrer und ausgewiesene Kenner des amerikanischen Schriftstellers Ernest Hemingway, die Bedienung eines Fastfood-Restaurants mit einer Analyse von „Der alte Mann und das Meer" zu – um wenig später vor dem Wohnmobil bei der abendlichen Diaprojektion vergangener Urlaube die Bilder seiner Kinder nicht zu erkennen.

Die Reise nach Key West entpuppt sich als eine Reise ohne Wiederkehr. *„Wo du hingehst, da will ich auch hingehen".* „Was ist nur aus uns geworden, John?" Am Ende ihrer Lebensbilanz kehrt sich für Ella ihr Lebens- und Liebesversprechen um: Wo ich hingehe, da wirst auch du hingehen!

Nach all den Ereignissen der vergangenen Tage ist für Ella der Zeitpunkt gekommen, für ihren dementen Lebensgefährten und sich selbst das Lebensende zu bestimmen. Mit Schlafmittel und Autoabgas nimmt sie sich und ihrem Mann in ihrem Wohnmobil das Leben. „Leisure Seeker". Erholungssuchende. Lächle!

MUSIK   SMILE
**   (der einzige Jazz-Standard von**
**   Charles Chaplin)**

„Wo du hingehst, da will auch ich hingehen; wo du bleibst, da bleibe ich auch." Kannst Du hingehen, wo ich hingehe? Nein, eigentlich kann Ella niemand folgen. Den Weg am Ende des Lebens wird sie alleine gehen müssen. Wenn sie geht, werden andere bleiben: Ihr Sohn Will, ihre Tochter Jane – und ihr Mann? Es scheint, als wolle sie nicht alleine gehen.

„Ich will und kann nicht ohne dich", sagt er. „Wenn du gehst, dann nimm mich mit. Denn irgendwann werde ich nicht mehr wissen, wer ich bin – und wer du bist. Bevor das so ist, will ich gehen, abtreten, nicht mehr leben. Wir bleiben zusammen."

„Wo du hingehst, da will ich auch hingehen; wo du bleibst, da bleibe ich auch." Als Trauspruch bei Hochzeiten beinhaltet dieser Vers ein Versprechen: Wollt ihr euch lieben, ehren und euch die Treue halten, bis dass der Tod euch scheidet?

Ella und John reisen nicht nur im Wohnmobil an die alten Stellen ihres Lebens. Sie begeben sich in die frühen Jahre der Lust und Leidenschaft. John wird eifersüchtig auf den früheren Freund seiner Frau. Weil er keine Ruhe lässt, suchen sie ihn auf – in einem Altenheim. John würde ihn am liebsten mit einem Gewehr wegpusten. Gott sei Dank hat seine Frau die Patronen entsorgt. Der ehemalige Freund hat keinerlei

Erinnerungen mehr an sie! Als ginge es in der Beziehung nicht um Liebe, sondern um Besitz und Eigentum: Ich erhebe alleinigen Anspruch auf dein ganzes Leben, da ist kein Platz für alte Liebeleien!

Ella erfährt auf der Reise durch Erinnerungen und Verwechslungen ihres Mannes von einer 45 Jahre zurückliegenden Affäre mit einer Nachbarin und Freundin. Ella wird wild. Sie greift nicht zum Gewehr, aber malträtiert Fotos, als wären es lebende Personen und schiebt dann ihren Mann in ein Altersheim ab, voller Vorwürfe!

Wo ist deine Treue? Dein Versprechen? „Wo ich bin, da hast gefälligst auch du zu sein ... Treue, bis dass der Tod uns scheidet!" In ihrem Wahn überhört sie das Liebeskompliment und Treueversprechen Johns, das er in seinem Erinnerungsrausch wiederholt: Ella ist die Liebe seines Lebens, die Nachbarin Vergangenheit. In den Erinnerungen vergangener Lieben kämpfen Ella und John erneut umeinander, als wären sie gerade erst verheiratet.

Mich rührt es an, wenn Menschen um ihre Liebe zueinander kämpfen, sich Mühe geben, beim anderen gegenwärtig sein wollen. Die Liebe zum Partner hat jeden Einsatz verdient. Aber hier scheint es auch um Besitz zu gehen. Der andere gehört zu mir, und darum gehört er mir, mit Haut und Haaren!

Treue ohne Trennung. Ohne Anspruch auf ein eigenes Leben? Die Liebe lebt von der Freiheit für den anderen. Sie lebt von der Frage, die den anderen freigibt: Willst du mit mir gehen? Begleitest du mich weiter? Sie lebt nicht von der Vereinnahmung.

In der alten Geschichte von Rut – dem gleichnamigen Buch der Bibel – steht Naomi, die alte Mutter mit ihren Schwiegertöchtern an einer Grenze: Sie wird zurückgehen in ihre alte Heimat, weil sie in der Fremde ihren Mann und ihre Söhne verloren hat. Sie gibt ihre Schwiegertöchter frei:

`Geht, sucht euch neue junge, schöne Männer aus eurer Heimat und lasst mich Alte ziehen. Ihr müsst mich nicht begleiten, selbst wenn nicht klar ist, wie das mit meinem Lebensunterhalt und meiner Pflegebedürftigkeit weitergeht.´ Naomi gibt frei. Sie stellt keine Ansprüche.

Weil sie frei ist, darum kann Rut ihr antworten:

> *„Wo du hingehst, da will ich auch hingehen; wo du bleibst, da bleibe ich auch. Dein Volk ist mein Volk, und dein Gott ist mein Gott. Wo du stirbst, da sterbe ich auch, da will ich auch begraben werden. Der HERR tue mir dies und das, nur der Tod wird mich und dich scheiden."*

Beziehungen leben von der Freiheit füreinander, nicht davon, den anderen zu besitzen, als wäre er mit einem verwachsen. Zur Freiheit gehört das Freigeben, das Loslassen. Loslassen ist mit das Schwerste im Leben, was wir lernen müssen: Das Loslassen von Mutter und Vater, das Loslassen von körperlichen Kräften mit dem Älterwerden. Das Loslassen von alten Vorstellungen und unerfüllten Träumen, das Freigeben von Menschen, an denen das Herz hängt.

Doch ohne das Loslassen können wir nicht leben. Es ist wie beim Atmen. Wir können die Luft nicht nur einatmen wollen, wir müssen auch zulassen sie auszuströmen. Zum Leben gehören Einatmen und Ausatmen, Kommen und Gehenlassen, Binden und Lösen, Halten und Hergeben. Wir gewinnen Liebe nur durch Freiheit. Den anderen besitzen wollen, das tötet ihn!

MUSIK   CORAL-JAZZ ZU EG (RWL) 656
FÜRCHTE DICH NICHT, GEFANGEN IN
DEINER ANGST, MIT DER DU LEBST

„Wo du hingehst, da will ich auch hingehen; wo du bleibst, da bleibe ich auch." Wenn du gehst, dann nimm mich mit, lass mich nicht alleine!

Für Ella und John scheint klar zu sein: Unser gemeinsames Leben, unsere Liebe ist nur dann wirklich und wahr, wenn auch der Zeitpunkt ihres Todes gemeinsam ist. Nicht ohne den anderen sein können und sein wollen. Selbstbestimmt und gemeinsam bis in den Tod.

„Nur der Tod wird mich und dich scheiden." Es gibt Wege, die können andere nicht mitgehen. Den letzten Weg können wir einander begleiten, aber das andere Ufer übertreten wir alleine. Der Tod trennt, er verbindet nicht!

Miteinander in den Tod gehen, um verbunden zu bleiben, das ist anmaßend, weil wir so tun, als könnten wir die Grenze des Lebens übergehen und im Tod noch leben, was uns im Leben verband. Doch der Tod trennt.

Darum heißt es in dem alten Versprechen Ruts an Naomi: *„Nur der Tod wird dich und mich scheiden."* Das, was verbindet, ist nicht der Tod, sondern das Leben: Leben – Kinder!

„Dein Volk ist mein Volk, deine Kinder sind meine Kinder und dein Gott ist mein Gott."

Die Kinder verbinden Ellen und John. Sie sind in der Reise ständig gegenwärtig. Sie machen sich Sorgen und wollen sich kümmern: Mutter und Vater ehren, auf dass sie lange leben in dem Land, durch das sie reisen ... bis dass der Tod sie scheidet. Wenn Ella geht, bleiben Volk und Kinder. Das Leben bleibt. Also lassen, freigeben.

„Dein Volk ist mein Volk, deine Kinder sind meine Kinder und dein Gott ist mein Gott.'"

Und Gott? Gott ist auch ein Wort für unendliche Freiheit, für weiten Raum und die Schönheit des Lassens. Gott ist ein Wort für die Heiligkeit des Lebens, die uns trägt. Nicht wir tragen das Leben, sondern das Leben trägt uns.

Darum: Wir gehören einander nicht. Wir gehören der Kraft des Lebens, die Kommen und Gehen umfasst. Wir gehören der Kraft der Liebe, die uns eint und verbindet, auch wenn der Tod uns trennt.

Wir gehören zu Gott, in Gott hinein. Der Apostel Paulus schreibt: *„Leben wir, so leben wir in Gott, sterben wir, so sterben wir in Gott, ob wir leben oder sterben, wir sind in Gott."* (*Römer 14,8*)

Von dieser Tiefe des Lebens weiß der Film nichts. Als – nach einer letzten Vereinigung – Ella sich und John das Leben nimmt, da gibt sie nicht frei. Sie nimmt in Besitz, verfügt über Leben und Tod. Sie will einatmen, ohne auszuatmen.

„Du sollst nicht in Besitz nehmen deines Nächsten Frau und Mann, Kind und Knecht, Haus und Tier." – heißt es im letzten Gebot. Und das erste Gebot ist ihm gleich: *„Du sollst keine anderen Götter haben neben mir"*, dem Einen, der Leben und Tod vereint.
„Du sollst keine anderen Götter haben neben mir" und dich nicht zur Herrin über Leben und Tod aufspielen.
(Exodus 20)

Warum gibt Ella nicht frei? Warum weiß sie den Weg? Warum verfügt sie über die Beziehung ihres Mannes zu den gemeinsamen Kindern? Warum lässt sie nicht geschehen? Dein

Gott ist mein Gott – welchen Gott hat Ella? Vertraut sie wirklich der Kraft der Liebe? Vertraut sie der Kraft, die trägt, bewahrt, frei gibt und verbindet über das Leben hinaus?

> *„Der HERR ist Geist. Wo aber der Geist des HERRN ist, da ist Freiheit",* schreibt Paulus. Und im 1. Johannesbrief, Vers 17 heißt es: *„Darin ist die Liebe bei uns vollendet, auf dass wir die Freiheit haben."*

LIED   **MEIN SCHÖNSTE ZIER UND KLEINOD BIST AUF ERDEN DU (EG 473)**

„Wo du hingest, da will ich auch hingehen; wo du bleibst, da bleibe ich auch." Wenn ich nicht mehr weiß, wohin du gehst, und ich nicht mehr gehen kann, was geht dann?

Auf dem Weg und Ziel ihrer Reise nach Key West, dem Wohnhaus Ernest Hemingways, erklärt John seiner Frau eines Abends mit dem Gewehr in der Hand: `Wenn es bei mir soweit ist, wenn ich nicht mehr weiß, wer ich bin, dann leg meinen Zeigefinger an den Abzug und geh weg, damit ich selber abdrücken kann.´ So zu sterben wie Hemingway, der sich nach langer Krankheit mit seiner Flinte, seiner „glatten, braunen Geliebten", im Jahr 1961 das Leben nahm. „Ich will nicht mehr leben, wenn ich komplett dement bin", sagt John in einem Augenblick geistiger Klarheit. Ich will, wenn es dran ist, lieber selbstbestimmt abtreten!

 **MUSIK THE FOOL ON THE HILL** (Paul McCartney 1967)

Wer von uns hat diesen Gedanken nicht auch schon einmal gedacht und empfunden: Nicht mehr leben, wenn ich komplett dement bin, lieber selbstbestimmt abtreten! So sehr mir der Gedanke nahe ist, so sehr erschrecke ich auch darüber.

Ich frage mich, ob der Gedanke in lebenswertes und lebensunwertes Leben einteilt? Hatten wir das nicht schon einmal in Deutschland? Gestern war der 27. Januar, der Tag des Gedenkens an die Opfer des Nationalsozialismus.

Bedeutet Demenz lebensunwertes Leben? Ich frage mich, ob ich in dem Gedanken an Selbsttötung Menschen mit Demenz abwerte – und rette mich, indem ich denke `Das gilt ja nicht für andere, sondern nur für mich. Wenn ich soweit bin, dann will ich nicht mehr. Und: Ich bin erschrocken über so viel Ich-Bezogenheit in diesem, meinem Denken. Was ist mit den anderen? Was ist mit den Kindern?

Im Film heißt es im Abschiedsbrief von Ella sinngemäß: `Seid nicht traurig, ihr werdet es ohne uns viel leichter haben. Ihr müsst euch nicht mehr kümmern und sorgen und Geld aufwenden und pflegen.´ Mit anderen Worten: `Ihr könnt das Leben wieder leichtnehmen, weil euch das Schwere nicht mehr vor den Füssen liegt.´

Das Schwere: Immer wieder führt uns der Film in ein Altenheim, als wäre das Leben dort keine Alternative! Welche Abwertung von Altenheimen impliziert das? Welche Abwertung von Menschen, die tagtäglich in der Altenpflege ihr Bestes geben, damit andere einen guten Lebensabend finden. Diese Abwertung von Heimen bin ich leid! Wir müssen sie besser machen, ja! Weil wir auch in ihnen Glück finden können!

John könnte womöglich gut in einem Heim leben. Höflich verabschiedet er sich in dem Heim, in das er kurzfristig kam, weil seine Frau in Eifersucht und Verletzung ausgerastet war. „Es war mir ein Vergnügen – ich sehe auch gerne Football – und wer wohl gewinnen wird – und kennen sie schon Hemingway, müssen sie unbedingt lesen!"

`Seid nicht traurig, ihr werdet es ohne uns viel leichter haben´. Wenn wir uns Ella und ihrem Brief anschließen, was dann? Denken wir eigentlich, wir könnten uns mit unseren

Schwierigkeiten niemandem mehr zumuten? Nicht unseren Kindern? Nicht unserer Frau? Nicht unserem Mann?

Haben wir denn nur eine Lebensberechtigung, wenn wir produktiv sind, selbstständig, etwas leisten können, ein lupenreines Gedächtnis haben, immer räumlich und zeitlich orientiert sind? Wenn unsere Bilanz ins Negative gerät, wird es dann Zeit? Unterwerfen wir unser ganzes Leben dieser ökonomischen Sicht der Dinge? Nur, wenn du nichts kostest, bist du gut! Nur wenn du Profit abwirfst, bist du gut. Nur, wenn du geschäftsfähig bist, bist du ein Teil der Gesellschaft.

Jesus sagt: *„Du kannst nicht zwei Herren dienen. Du kannst nicht Gott dienen und dem Geld."* Also liebe! Liebe deinen Nächsten wie dich selbst. In solcher Liebe findet unser Leben Erfüllung.

Es ist ein Trugschluss, als würde unser Leben ohne Schweres und Belastungen leichter und reicher. Der Film lullt uns so ein, dass wir auf diese Sicht der Dinge fast hereinfallen: Am Ende gehen die Kinder mit einem Lächeln vom Grab weg. Erleichterung und Gelassenheit liegt auf ihren Gesichtern. Keine Träne wird geweint! Also ob wir das Schwere, die Brüche im Leben, die Krankheiten, die Vergesslichkeit und Verletzungen besser begraben. Aber: Wird's dann besser?

Mit dem Leben ist es wie mit dem Film: In ihm ziehen uns gerade die Spannungen und Widersprüche in Bann. Die alten Geschichten von Treue und Untreue, ein kleiner Überfall, der Konflikt der Geschwister, die alten, ungelösten Familienmuster. Der Zusammenbruch von Ella, ihre Krankheit. Und die Vergesslichkeit von John.

Wir fragen uns: Wie gehen die Protagonisten mit diesen Situationen um? Ohne Schwierigkeiten wäre der Film komplett langweilig. Keiner von uns würde sich ein Road-Movie ohne Brüche, Wiedersprüche und Schwierigkeiten ansehen wollen.

Es sind die Brüche und Risse in unserem Leben, die uns ausmachen, die uns reich machen und die uns zu dem machen, was wir sind. Es ist die Mischung aus Vollkommenem und Unvollkommenem, aus Leid und Trost und Kraft und Mut und Überwindung, die uns und unser Leben so einzigartig auszeichnen. Wenn wir Leid und Schweres aus unserem Leben ausgrenzen wollen, dann ist das – in religiösen Bildern gesprochen – so, als wollten wir die Auferstehungserfahrung ohne das Kreuz, als wollten wir den Himmel auf Erden ohne die Erde und die Unendlichkeit ohne Endlichkeit. Es sind die Grenzen, die Fragmente, die schwierige Endlichkeit, die unser Leben heilig machen – und uns eine einmalige Schönheit verleihen.

Paulus schreibt in einem seiner Briefe *(1. Korinther 2,1ff)*: *„Als ich zu euch kam, da kam ich nicht mit hohen Worten oder hoher Weisheit. Ich hielt es für richtig, unter euch nichts zu wissen als allein Jesus Christus, den Gekreuzigten!"*

Die „Weisheit der Welt", davon ist Paulus überzeugt, will Makellosigkeit und Größe und Stärke. „Make America great again!" Doch wenn wir von Lebensweisheit, von Wahrheit, von Tiefe sprechen, dann reden wir von der Weisheit Gottes, die im Geheimnis verborgen ist, die in Schwachheit erstrahlt und das Leben verwandeln kann, weil es das Kreuz überwindet und nicht übergeht!

Die Frage ist also nicht: Wie können wir uns vor Krankheit, Alter, Demenz, Ohnmacht, Schwierigkeiten drücken und ihnen entgehen, indem wir uns aus dem Leben stehlen, sondern: Wie gehen wir damit um? Wie finden wir eine Gemeinschaft, die uns trägt? Wie gehen wir als Familien miteinander um? Wie erhalten wir eine Selbstständigkeit, in der auch für „Unselbstständigkeit" Platz ist? Wie leben wir unsere Schwäche, ohne abzuwerten und kleinzureden?

Wie erkennen wir die Schönheiten unseres Lebens gerade in unseren Fragmenten und Unvollkommenheiten?

Vielleicht einfach bewusst atmen: Einatmen – ausatmen, kommen und gehen lassen, halten und freigeben.

Und glauben! Also vertrauen, dass wir mit dem Grund des Lebens verbunden sind! Und danken: für den Reichtum und die Fülle des Lebens.

> *„Denn ich bin gewiss, dass weder Tod noch Leben, weder Engel noch Mächte noch Gewalten, weder Gegenwärtiges noch Zukünftiges, weder Hohes noch Tiefes noch eine andere Kreatur uns scheiden kann von der Liebe Gottes, die in Christus Jesus ist, unserm Herrn."* **(Römer 8,38-39)**

Amen

LIED   **IN DIR IST FREUDE IN ALLEM LEIDE (EG 398)**

Fürbittengebet:

Gott, du Lebenskraft
Wir danken dir für Orte, an denen wir den Grund unseres Lebens spüren, an denen wir aufgerichtet werden und Ermutigung erfahren. Wir brauchen diese Orte mehr und mehr, sie helfen uns, zur Ruhe zu kommen und uns zu besinnen, wer wir sind und was wir wollen und wovon wir träumen

Gott, du Lebensgrund
Dir vertrauen wir uns an in Zeit und Ewigkeit, darum gedenken wir der Verstorbenen in unserer Gemeinde ...

Wir glauben, dass wir in dir getragen sind, dass du uns ins Leben rufst und wir in dir vollendet sind.

Gott, du Quelle der Kraft
*Wir brauchen mehr Offenheit und Weite, andere Rollen
auszuprobieren. Wir verlieren uns nicht, Gott, wenn wir
Veränderungen zulassen. Darum schenke uns Freiheit,
einander immer wieder anders zu begegnen. Gib uns
offene Augen für eingespielte familiäre Rollenmuster,
die wir uns anders wünschen, als sie sind. Bringe Bewegung in unsere Herzen, Gott, das würde schon reichen!*

Gott, du Vollendung der Welt
*In dir haben wir Teil an dem, was noch aussteht auf
unserer Mutter Erde: Rollenwechsel im Großen: Sattheit
den Hungernden, Identität und Würde den Opfern, Friede
und Waffenruhe statt Gewalt und Kampf. So denken wir
an den Norden Syriens – und sind fassungslos, wie unser
Nato-Verbündeter Türkei einfach so über ein anderes
Land und seine Bewohner herfallen kann ... Hilf, dass wir
die Welt nicht einteilen in Gut und Böse, Gläubige und
Ungläubige, Terroristen und Friedensbringer ... Lass uns
teilhaben an deiner Kraft der Versöhnung und der Liebe,
die uns allen gilt.*

Gott, du Muttervater von uns allen
Wir beten, wie Jesus es uns gelehrt hat ...

26. August 2018

MUSIK **Andreas Kaling** (Saxophone), **Matthias Kosmahl** (Bass),
Bertold Becker (Piano), **Ruth M. Seiler** (Orgel).

„Wer hat, dem wird gegeben, und wer nicht hat, dem wird auch das genommen, was er hat." (Markus 4,25)

Ein Dorf zieht blank

PREDIGT UND MUSIK ZUM FILM

„Und Gott der HERR pflanzte einen Garten in Eden gegen Osten hin und setzte den Menschen hinein, den er gemacht hatte. Und Gott der HERR ließ aufwachsen aus der Erde allerlei Bäume, verlockend anzusehen und gut zu essen, und den Baum des Lebens mitten im Garten und den Baum der Erkenntnis des Guten und Bösen ... Und sie waren beide nackt, der Mensch als Mann und Frau, und schämten sich nicht." (Auszüge aus Genesis 2)

Liebe aus dem Paradies vertriebene Geschwister,

Sie kennen wahrscheinlich das Spiel: Stadt – Land – Fluss. Eine kleine Familie mit einer heranwachsenden jugendlichen Tochter ist von Paris aufs Land gezogen. Für diese Städter scheint das Land der Garten Eden. Die Amseln zwitschern. Die Bäume stehen voller Laub – und im Traum des Familienvaters ist in der ländlichen Idylle das Paradies zum Greifen nahe. Aber: Kann für einen Franzosen die Normandie Idylle sein?

In diesem Landstrich ist die Zeit stehengeblieben. Da ist nichts im Fluss! In dem Dorfhotel ist ein Zimmer, in dem einst ein General der Alliierten wohnte, im Originalzustand bewahrt. In einem Fotoladen liegen alte Kodak-Filme in den Regalen und der Stuhl, auf dem die Bewohner des ganzen Dorfes zum Portrait Platz nahmen, ist nicht verrückt worden. Der Sohn des verstorbenen Eigentümers will den Laden verkaufen. Nur darum ist er zurückgekehrt in sein altes Heimatdorf.

In diesem Dorf der Normandie bewegt sich nichts. Da ist nichts im Fluss. Der neue Supermarkt wird darum im Nachbardorf gebaut.

Doch die Familie aus Paris lässt sich nicht beirren. Hier muss das Paradies liegen. Die Mutter backt selber das Brot, der Vater macht Homeoffice und joggt in ländlicher Idylle.

Stadt – Land – Fluss.

Für die Bauern des Dorfes ist das Leben kein Spiel. Sie protestieren gegen die Agrarpolitik der Regierung und der EU. Bei fallenden Milch- und Fleischpreisen bleibt ihnen kaum etwas zum Leben. Nicht die ländliche Idylle, sondern Armut und Not treiben sie auf eine Rue National nach Paris. Nicht um anzukommen, sondern um zu blockieren. Blockade für eine Entwicklung? Wohin? In welche Richtung? Und in welche Zeit? Zurück in die Zukunft der Vergangenheit? Für die städtische Familie ist die Not der Bauern einen Ausflug wert.

Die rissigen Hände der Bauern, die harte Arbeit auf dem Feld: Adam und Eva sind aus dem Paradies vertrieben und brauchen im 21. Jahrhundert Unterstützung. Doch wen in Frankreich kümmert die Not der Bauern in der Normandie?

„Das Himmelreich gleicht einem Schatz, verborgen im Acker, den ein Mensch fand und verbarg; und in seiner Freude geht er hin und verkauft alles, was er hat, und kauft den Acker." **(Mt 13,44)**

Szenenwechsel. Ein berühmter Fotograf aus New York kommt des Weges. Er sucht den idealen Standort für ein Foto, auf dem er viele Menschen nackt fotografieren will. Adam und Eva auf dem Feld – ein Kunstprojekt für die Großstadt.

Durch die Straßenblockade aufgehalten, fragt er nach einem Weg nach Paris zum Flughafen an den Blockaden vorbei:

„Geradeaus, rechts, links – und dann sehen sie es schon", antwortet ein Bauer. Paris ist in der Blockade eben gerade um die Ecke! Der Fotograf fährt um die Ecke und findet sein Traum-Motiv-Feld für Adam und Eva – nackt.

In seiner Freude lässt er alles andere liegen und will diesen Schatz: Ein Foto auf dem Acker mit den Bewohnern des Dorfes. Ein paradiesisches Bild. Mit einem kleinen Unterschied: Er tut nichts, verkauft nicht alles, was er hat – bezahlen werden die anderen.

Auch die Bewohner des Dorfes suchen ihren Schatz im Acker, doch sie fühlen sich vom Paradies abgeschnitten.

„Mit Mühsal sollst du dich von ihm nähren dein Leben lang. Dornen und Disteln soll er dir tragen, und du sollst das Kraut auf dem Felde essen. Im Schweiße deines Angesichts sollst du dein Brot essen, bis du wieder zu Erde wirst, davon du genommen bist." **(Gen 3,17b-19)**

Die Not ist groß. Das Hofsterben aufgrund der ökonomischen Rahmenbedingungen hört in dem kleinen Dorf nicht auf, und der engagierte Bürgermeister Georges Balbuzard hat eine Idee: „Wir müssen was Großes machen, etwas, womit wir in der Normandie bis nach Paris und Brüssel Aufmerksamkeit erregen und damit auf unsere Probleme aufmerksam machen!"

Er wittert eine Chance: Mit dem Foto auf der Wiese könnte das Dorf weltberühmt werden und das Anliegen der Bauern endlich Gehör finden. Ist das der Schatz im Acker?

**CHORAL-JAZZ ZU EG 302
DU MEINE SEELE, SINGE,
WOHLAUF UND SINGE SCHÖN**
(Melodie 1666)

„Ja, sollte Gott gesagt haben: Ihr sollt nicht essen von allen Bäumen im Garten?"

Der Baum des Paradieses ist verlockend anzusehen. Viele reife Früchte trägt er. Die Früchte versprechen Reichtum und auskömmliches Leben, ja, noch mehr als das: richtige Rendite. Also auf ans Werk: Kunstdünger, Pestizide bis kurz vor der Ernte, Monokultur, also rausholen, was rauszuholen ist.

Der Baum im Paradies, der Reichtum verspricht und den Jesus den Mammon nennt, ist schön anzusehen. Ein Baum der Versuchung. Sollte Gott gesagt haben, von diesem Baum sollten wir nicht essen, weil wir dann ein ethisches Problem haben und wissen, was gut und was böse ist?

Aber könnten wir nicht doch von den Früchten kosten, fragt die Schlange in der alten Geschichte. Können wir nicht das Gebot Gottes etwas beiseiteschieben: Nur ein bisschen anbeten die Götter des Reichtums, nur ein bisschen begehren und immer mehr haben wollen, nur ein bisschen die Mitwelt töten?

Eines Morgens geht unser Pariser Familienvater in der Idylle joggen. Köstlich und verlockend sind die Früchte am Wegesrand. Er will sich ein paar von ihnen pflücken: Im Paradies lebt man von der Hand in den Mund.

Wir sehen, was er nicht sehen will und dann doch unweigerlich abbekommt: Der Ausleger eines Traktors versprüht Pestizide und trifft dabei auch ihn! Der Städter beschwert sich beim Bürgermeister der Bauernschaft: „Zu früheren Zeiten habt ihr Bauern die Erde bebaut und bewahrt, aber jetzt seid ihr zu Feinden der Natur geworden! Statt die Früchte der Natur zu ernten, zerstört ihr die Grundlage, von der ihr lebt! Bienen und Schmetterlinge gibt es hier anscheinend nicht mehr."

„Das muss halt sein, wenn wir überleben wollen" – heißt es bei den Bauern. Es dauert nicht lange, da bekommt der

Großstädter, der vor dem Verkehr und der Unruhe aufs Land geflüchtet ist, einen Hautausschlag.

Auch die Bauern leben von der Hand in den Mund. „Jahrhundertelang ernährte uns das Land, und jetzt verhungern wir!", sagt der Bürgermeister Balbuzard. Die Bauern greifen nicht nach der Frucht des Reichtums, sie wollen nur auskömmlich leben, aber sie sind verwickelt in ein System, in dem jeder etwas von der verlockenden Frucht abhaben möchte: die Saatgutkonzerne, die Banken, die Supermarktketten. Und so spritzen und düngen sie, so bedienen sie die Industrie und wissen nur eines: Schuld an der Misere sind nicht sie. „Die Deutschen und die Rumänen sind schuld." Die Deutschen produzieren und exportieren zu viel, sind zum wiederholten Mal Exportweltmeister; und die Rumänen arbeiten zu billig.

Weder eine makroökonomische noch eine ökologische Perspektive ist im Blick. Nicht bei den Bauern – und auch nicht im ganzen Film. Er schneidet die Probleme der kleinbäuerlichen Landwirtschaft an. Vielleicht schneidet er sie auch ab, weil er ihnen nicht nachgeht, nicht dicht genug herangeht, sondern in Stereotypen bleibt.

Und doch bleiben Fragen: Wie gelingen Rahmenbedingungen für eine ökologisch verträgliche Landwirtschaft? Wann endlich sind die Böden nicht mehr überdüngt und der Nitratgehalt an vielen Stellen Deutschlands nicht mehr so hoch? Wie kommt es, dass in Bielefeld Milch aus Polen billiger ist als Milch aus der Region? Wie kann regionale und lokale Produktion gefördert werden? Warum exportiert die EU subventioniertes Hühnerfleisch nach Afrika?

Das Paradies ist in weite Ferne gerückt. Und die Früchte des Baumes der Erkenntnis von Gut und Böse sind in unser aller Munde.

LIED   **DIE ERDE IST DES HERRN, GELIEHEN IST DER STERN, AUF DEM WIR LEBEN (EG RWL 677)**

„… Und Adam versteckte sich mit seiner Frau vor dem Angesicht Gottes … Und Gott rief Adam und sprach zu ihm: Wo bist du? Und er sprach: Ich hörte dich im Garten und fürchtete mich; denn ich bin nackt, darum versteckte ich mich." (Genesis 3,8b-10)

Die landwirtschaftlichen Probleme sind in der französischen Film-Komödie nicht mehr als eine Kulisse für das größere Projekt: Wie gelingt ein Foto auf der Wiese mit dem Baum, dem „Chollet-Feld", in dem alle Dorfbewohner nackt sind?

„Wir sind schon blank und ziehen uns nicht noch aus!", sagen die Bauern. Wir haben nichts zu verbergen. Wir haben schon alle Hosen runtergelassen für Kapital, Kredite und Konkurs. Doch der Schein trügt.

„Adam versteckte sich mit seiner Frau vor dem Angesicht Gottes, denn er schämte sich …"

Im Film gibt es viele unterschiedliche Geschichten, die miteinander verwoben sind. Sie alle haben eines miteinander gemein: Alle scheinen etwas zu verbergen und schämen sich. Jeder in dem Film ist aus seinem Paradies vertrieben worden.

Der Pariser Medien-Agenturleiter will sich nicht eingestehen, dass er das Landleben in der Normandie satt hat. Er versteckt seinen Ausschlag, der sich bis in seine Augen ausbreitet, hinter einer Brille. Er will nicht zurück in sein altes Leben, als fliehe er vor Problemen, die er nicht lösen kann. Der junge Mann, der ins Dorf zurückkommt, um den alten Fotoladen zu verkaufen, flieht vor seiner Vergangenheit. Es ist, als wolle er mit dem Laden das Erbe seines Vaters loswerden. Das Erbe eines Alkoholikers nimmt man nicht gerne an. Seinen Radrennsport, in dem er eine lokale Größe war, wertet er ab: „Sein Vater wollte diesen Erfolg." Hier ist einer, der vor dem inneren Vermächtnis seines Vaters davonläuft und nicht bleiben kann, nicht in seinem alten Haus, nicht im Dorf – aber auch nicht in der Großstadt, nicht bei sich und nicht in der Liebe zu seiner schönen neuen Freundin.

Am Ende des Filmes arbeitet der Bürgermeister des Dorfes auf seinem Hof. Er ist im Schlafanzug. Er zieht sich nicht mehr um. Er erwartet keinen und will niemanden sehen und hören. Als es darauf ankam, haben die Dorfbewohner ihn, den Engagierten und Unkorrumpierbaren, hängenlassen. Hier ist einer, der sich nicht eingestehen kann, dass auch er einsam ist. Sein Wort hat nicht mehr das Gewicht, das er sich in der Dorfgemeinschaft wünscht. Die Zeiten ändern sich, und er scheint den Moment verschlafen zu haben.

Der Metzger des Dorfes sieht rot, als es darum geht, dass andere Männer beim Fotoshooting seine eigene Frau nackt sehen könnten. Immerhin war sie als Miss Calvados die Schönheit des Dorfes. Der Metzger denkt: Seine Frau Eva ist aus seiner Rippe genommen und Teil seines Körpers. Eva ist das Eigentum des Mannes Adam.

Das Chollet-Feld, auf dem das Foto geschossen werden soll, ist nicht der Ort mit dem Schatz im Acker, sondern

Gegenstand eines alten Landkonfliktes zwischen zwei Familien. Als wäre der Erzengel Gabriel eingeflogen, um das Paradies vor unerlaubtem Zutritt zu schützen, verteidigt ein Bauer den Zugang zum Paradies-Feld mit seiner Flinte. Wenn schon geschossen wird, dann auf keinen Fall ein Foto: Denn das Feld gehört laut Vätergenerationen ihm.

Sein Kontrahent, dem alle das Feld zusprechen, weil keine Besitzurkunde anderes belegen kann, arbeitet hingegen schon einmal nackt auf seinem Hof. Er hat ja nichts zu verbergen. Dabei unterschlägt er die Besitzurkunde des Feldes seines Nachbarn zu seinen Gunsten.

> *„... Und Adam versteckte sich mit seiner Frau vor dem Angesicht Gottes ... Und Gott rief Adam und sprach zu ihm: Wo bist du? Und er sprach: Ich hörte dich im Garten und fürchtete mich; denn ich bin nackt, darum versteckte ich mich."* (Genesis 3)

Das Foto der Unschuld kann nicht gelingen, weil der Garten, die Wiese, das Feld mit Blutschuld getränkt ist und jeder von der Frucht des Baumes der Erkenntnis gegessen hat – und sich jede und jeder schämt. Niemand will nackt dastehen, entblößt in seiner nicht gelungenen Biografie.

LIED   ICH MÖCHT, DASS EINER MIT MIR GEHT
(EG 209)

„Und es waren auch Frauen da, die von ferne zuschauten,
unter ihnen Maria Magdalena und Maria, die Mutter
Jakobus des Kleinen und des Joses, und Salome, die ihm
nachgefolgt waren, als er in Galiläa war." *(Markus 15,40ff)*

Es sind die Frauen, die als erste die Erfahrung der Auferstehung machen. Sie tragen die Geschichte von einem anderen
Ausgang und einem anderen Anfang hinaus in alle Welt. Es
muss nicht so bleiben, wie es ist. Es gibt sie, die heilende
Kraft des Lebens, die verändert, Schmerzen heilt, Gewalt
überwindet, Hoffnung schafft und Geschichte neu werden
lässt.

Im Film sind die Frauen die eigentlichen Protagonistinnen. Sie bringen neue Perspektiven ein, sie fordern die Männer heraus und verändern das Dorf: Die junge, erwachsen
werdende Tochter sagt ihrem Vater: „Papa, du musst das
Land nicht lieben. Niemand zwingt dich, hier zu bleiben. Du
kannst es ruhig sagen, dass Paris viel schöner ist. Autover-
kehr, Straßencafés, und endlich mal keine grünen Felder.
Papa, du darfst da leben, wo du leben möchtest! Du darfst so
sein, wie du bist!" Als würde diese Erlaubnis den Aussätzi-
gen heilen und verwandeln.

Der junge Mann, der den Fotoladen des Vaters verkaufen
will, hat das Dorf einst verlassen, um damit alles hinter sich
zu lassen. Eine junge, hübsche Frau, die als Mädchen einst
den früheren Radsportler bewunderte, fordert ihn heraus:
Du kannst nicht deine Gefühle abschneiden und deine Vergangenheit hinter dir lassen. Stell dich dir selber. Finde die
Kraft, dich selbst und dein Tun zu lieben.

Mit alten Fotos, die er in dem Laden seines Vaters entdeckt,
findet er einen anderen Zugang zu seinem Vater als Fotograf: Wertschätzung, Achtung vor unentdeckten Anteilen.

Der junge Mann lernt anzunehmen und nicht abzulehnen. Er lernt auf eine andere Art zu lieben.

„In diesem Zimmer ist die Zeit stehengeblieben. Hier sieht alles noch so aus wie zu Zeiten des Generals. Unten haben wir die neuen, modernen Zimmer mit WLAN und Fernsehen und Minibar ... Sie können doch nicht dieses Zimmer wollen." So sagt es die Madame des Dorf-Hotels. „Die Zeit ändert sich, und wir müssen mit der Zeit gehen."

Es ist, als hätten die Frauen erkannt, dass Zeiten sich ändern dürfen und die Geschichte sich wandelt. Auf die vielen Komplimente als schönste Frau des Dorfes entgegnet die Frau des Metzgers: „Die Zeiten der Miss Calvados sind längst vorbei." Obwohl ihre einstige Schönheit in die Jahre gekommen ist, entscheidet sie sich zur Teilnahme am Nacktfoto gegen den Widerstand ihres Mannes. Sie mutet ihrem Mann Freiheit zu. Die Liebe hält das aus: Unterschiedliche Ansichten, Widerstände und Ängste. „Niemand wird mir und dir etwas wegnehmen, wenn ich mit anderen nackt fotografiert werde. Ich bin deine Frau, und das werde ich bleiben."

Die Veränderungen, die die Protagonisten des Filmes erleben, begleiten die größte Veränderung, die das Dorf seit Jahrhunderten erlebt hat: Während der Landwirt, dem seit Generationen offensichtlich das Chollet-Feld gehört, weil Grundbuchauszüge nichts anderes beweisen können – während also er nackt im Stall arbeitet, weil er nichts zu verbergen hat – kommt seine Frau und hält ihm alte Papiere unter die Nase: Grundbuchauszüge, die belegen, dass das Feld nicht ihm, sondern seinem Nachbarn gehört. „Du gehst jetzt zu deinem Nachbarn und bringst ihm diese Papiere!", sagt sie. „Beende den alten Konflikt. Zeiten dürfen sich ändern und alte Wunden heilen."

Er fasst sich ein Herz und geht zu seinem Nachbarn. Als dieser die alten, verloren geglaubten Papiere sieht und erhält, klagt er nicht an, macht keine Vorwürfe, holt nicht weit aus, sondern fragt: „Wollen wir etwas trinken?"

„Und er nahm den Kelch, ... gab ihnen den; und sie tranken alle daraus."

Es kommen immer mehr zusammen, die miteinander teilen. Mehr Wein als Brot. Dieses Feld mit dem Baum der Erkenntnis von Gut und Böse kann jetzt neue Früchte tragen, weil alte Schuld benannt und vergeben ist.

Als der Bürgermeister dann im Pyjama vorbeikommt und sich in der Scheune erhängen will, weil sie ihn hängen gelassen haben beim großen Foto-Shooting, ist er blind für die Veränderung, die gerade das Dorf bewegt. Es scheint, als hätte auch er die Zeit für Veränderung verschlafen.

Seine Freunde stellen ihn zur Rede, befreien ihn von seinem Strick um den Hals, nehmen ihm die Last von den Schultern: Du darfst einfach einer von uns sein. Du brauchst nicht die Heldenrolle, damit wir dich mögen. Wir gehören zusammen, auch wenn wir dir nicht immer folgen. Wir achten dich, weil du so bist, wie du bist.

Die vielen Geschichten im Film ändern sich. Am Ende sind wir trotz Klischee und Kitsch angerührt, denn da ist etwas dran: Unsere Geschichten werden leichter, wenn jede und jeder so sein darf, wie er oder sie ist. Wenn jede und jeder sich ändern darf und frei sein kann. Dazu brauchen wir einander. Wir brauchen die gegenseitige Annahme. Wir brauchen Menschen, die uns herausfordern und uns dabei doch wohl gesonnen bleiben. Wir brauchen den Raum der Vergebung von Schuld. „Und sie waren nackt und schämten sich nicht".

Von Jesus heißt es: „Und als sie aßen, nahm ER das Brot, dankte und brach's und gab's ihnen und sprach: Nehmet; das ist mein Leib. Und er nahm den Kelch, dankte und gab ihnen den; und sie tranken alle daraus. Und er sprach zu ihnen: Das ist mein Blut des Bundes, das für die Vielen vergossen wird."

Brot des Lebens und Kelch des Heils: Gemeinschaft, in der Schuld nicht aufgerechnet, sondern vergeben wird und eine neue Zeit anbricht. Der Herr ist auferstanden, er ist wahrhaftig auferstanden. Halleluja!

Amen

Fürbittengebet nach Markus 4,25

„Wer hat, dem wird gegeben, und wer nicht hat, dem wird auch das genommen, was er hat."

Uns ist viel gegeben, Gott,
die Schönheit der Natur, die in unseren Breiten grünt und Früchte trägt.
Wir könnten mehr tun für einen verantwortlichen Umgang mit der Schöpfung.
In Frankreich ist Plastikmüll verboten – warum gelingt das nicht bei uns?
Warum fällt das so schwer, die Rahmenbedingungen für mehr nachhaltige Landwirtschaft zu ändern?
Warum kaufen wir ein, als gäbe es nur zu gewinnen und nicht zu verlieren?
Warum sehnen wir uns nicht mehr nach frischer, ökologischer Milch?
Warum greifen wir nach den exotischsten Früchten und verschmähen die Birnen an unseren Bäumen?

Uns ist viel gegeben, Gott,
darum stärke uns, die Erde zu bebauen und zu bewahren, damit uns nicht genommen wird, was uns allen geschenkt ist.

Uns ist viel gegeben, Gott,
die Schönheit der Begegnungen untereinander.

Du eröffnest einen Raum, in dem jede und jeder so sein kann, wie er oder sie ist ...
Hilf uns, uns gegenseitig anzunehmen, unsere Verschiedenheiten zu achten und sie als Bereicherung zu erfahren.
Hilf uns, einander Schuld zu vergeben und uns zu fordern:
Wir können besser sein, als wir sind, denn uns ist viel gegeben, Gott.

Uns ist viel gegeben, Gott,
darum bitten wir um Zeiten des Lassens ...
Wenn wir nicht immer wieder ruhen von allen Werken, verlieren wir den Blick für die Schönheiten des Lebens.
Hilf uns zu Genügsamkeit und Bescheidenheit im Umgang mit deiner Schöpfung und im Umgang untereinander.
Hilf uns, die Güter dieser Erde besser mit allen Menschen zu teilen.
Hilf uns, einzutreten für offene, freie, weite Räume, in denen Menschen in ihrer Würde zur Geltung kommen ...

Uns ist viel gegeben, Gott,
darum lehre uns die Schönheit des Teilens und die Genügsamkeit des Lassens.

Uns ist viel gegeben, Gott,
dein Reich hast du uns anvertraut.
Es ist ein Reich des Friedens, ein Reich der Teilhabe aller an Brot und Wein, an Nahrung, Gütern und Kultur ...
Dein Reich ermutigt uns ... und tröstet uns, wenn wir einmal nicht mitbauen. Du stehst für uns gerade, du baust weiter mit allen Menschen guten Willens ...
Dein Reich wird kommen – und so beten wir mit den Worten unseres Bruders Jesus:

Vater unser im Himmel ...

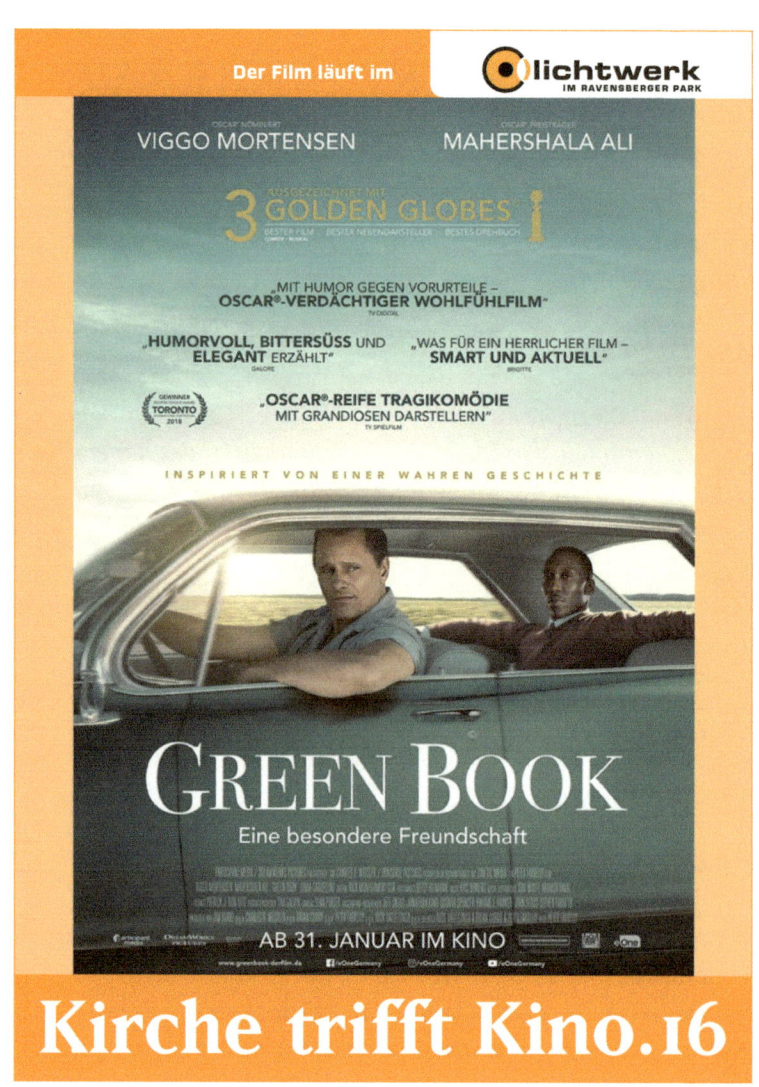

Der Film läuft im ◉ lichtwerk IM RAVENSBERGER PARK

VIGGO MORTENSEN   MAHERSHALA ALI

3 GOLDEN GLOBES

„MIT HUMOR GEGEN VORURTEILE –
OSCAR®-VERDÄCHTIGER WOHLFÜHLFILM"

„HUMORVOLL, BITTERSÜSS UND
ELEGANT ERZÄHLT"

„WAS FÜR EIN HERRLICHER FILM –
SMART UND AKTUELL"

„OSCAR®-REIFE TRAGIKOMÖDIE
MIT GRANDIOSEN DARSTELLERN"

INSPIRIERT VON EINER WAHREN GESCHICHTE

GREEN BOOK
Eine besondere Freundschaft

AB 31. JANUAR IM KINO

Kirche trifft Kino.16

17. Februar 2019

MUSIK   **Andreas Kaling** (Saxophone), **Matthias Kosmahl** (Bass),
Bertold Becker (Piano), **Ruth M. Seiler** (Orgel).

„Suche Frieden und jage ihm nach!" **(Psalm 34,15)**

Green Book —
eine besondere Freundschaft

PREDIGT UND MUSIK ZUM FILM

„Suche Frieden und jage ihm nach!"

Verehrte Damen und Herren,

beginnen möchte ich mit einem persönlichen Erlebnis unter dem Stichwort: Alltagsrassismus.

Er fiel auf: Jung, braune, dunkle Haut, asiatische Wurzeln; letztens saß er hier im Gottesdienst. Beim Kirchenkaffee im Anschluss kamen wir ins Gespräch. Er komme aus Indonesien und gehöre dort einer reformierten Gemeinde an. Unseren Gemeindebrief habe er zugeschickt bekommen und darum sei er heute hier. Ein halbes Jahr lebe er jetzt in Bielefeld.

Ich fragte nach den Gründen seines Deutschlandbesuchs und seinem Aufenthalt in Bielefeld: „Studieren Sie hier – vielleicht in der Fachhochschule für Diakonie und Management in einem Auslandssemester?" „Nein, ich arbeite im Krankenhaus" entgegnet er. „Ja, da suchen sie immer fachkundiges Pflegepersonal." antworte ich. „Ja", sagt er, „das stimmt". Aber er arbeite nicht als Pfleger. Er sei Arzt. Und Deutsch habe er beim Goethe-Institut in Jakarta gelernt. Und Christen haben es sehr schwer, im eigentlich weltanschaulich neutralen Staat Indonesien in öffentlichen Krankenhäusern, in Schulen und in der Verwaltung eine Anstellung zu finden.

Etwas in dieser Begegnung mit dem jungen Mann hat mich erschrocken. Nicht, dass Christen zunehmend in muslimisch geprägten Ländern auf Schwierigkeiten stoßen – das weiß ich schon länger und das ist beängstigend. Ebenso, dass Menschen, die ihr Heimatland verlassen, oft bedrückende Gründe haben. Nein, was mich erschrocken hat ist meine Vorerwartung, dass Menschen mit dunkler Hautfarbe eben als Krankenpfleger und nicht als Ärzte arbeiten. Migranten denke ich nicht in die bürgerlichen Eliten hinein.

Meine versteckten Migrationsressentiments haben mich erschrecken lassen – und ich schäme mich für meine intuitive herabwürdigende Voreinstellung. Zugleich bin ich nachdenklich: Wie tief verwurzelt sind Vorurteile in mir, in uns, mit denen ich und wir Menschen abwerten, die aus der Ferne zu uns gekommen sind und mit uns in diesem Land leben?

Ich hatte diese Geschichte bereits einmal in einem Gottesdienst erzählt. Damals trat am Ausgang eine junge Frau an mich heran und sagte: „Wissen Sie eigentlich, wie herabwürdigend Ihre Erzählung für mich als Krankenschwester ist? Sie werten Ärzte höher als Pfleger!"

***Aus Psalm 34*:**

12 (ל) *Kommt, ihr jungen Leute, und hört mir zu!*
Ich will euch beibringen, wie man in Achtung
vor dem LEBENSGRUND lebt:
13 (מ) *Wer möchte sich nicht am Leben freuen*
und seine Tage im Glück zubringen?
14 (נ) *Dann hüte deine Zunge vor böser Nachrede*
und deine Lippen vor verlogenen Worten.
15 (ס) *Halte dich fern vom Bösen und tue Gutes!*
Suche den Frieden und setze dich dafür ein!

Der Film „Green Book" erzählt von zwei Menschen, die sich über eine Zusammenarbeit näherkommen.

Der eine, Don Shirley, ist Dr. der Psychologie, der Liturgik und der Musikwissenschaften. Er ist ausgebildeter Konzertpianist, ein Meister seiner Klasse, begnadet und genial.

Er plant eine Konzertreise in die Südstaaten. Dazu engagiert er den Italo-Amerikaner Tony Lip, einen einfachen Mann aus der Arbeiterklasse, der seinen Lebensunterhalt mit Gelegenheitsjobs und als Türsteher verdient.

Der Gegensatz zwischen den beiden könnte nicht größer sein: Er, der große Klassik- und Jazz-Musiker mit dunkler Hautfarbe, hat den anderen, einen Weißen, engagiert, weil er ihn für seine Tour braucht. Er, der Schwarze, ist der Herr, und der andere ist der Knecht: Er soll seine Schuhe putzen, Strümpfe und Unterhosen waschen, Hemden bügeln, kurz: Alles und noch mehr machen. Der andere lehnt ab. Unter diesen Bedingungen fährt er nicht mit. Geleitschutz, Fahrer und Tourguide: Ja. Mädchen für alles? Nein! Das ist unter seiner Würde.

Würde. Der Film buchstabiert in vielen Facetten dieses Thema und nimmt uns mit auf eine Reise in die rassistische Vergangenheit der USA. Er ist dadurch hochgradig aktuell, ohne das in irgendeiner Weise nach vorne zu spielen. Um als Schwarzer in den 1960er bis 1970er Jahren durch die Südstaaten zu fahren, gab es das „Green Book". Ein Verzeichnis, das Hotels, Restaurants, Tankstellen enthält, in denen auch dunkelhäutige Menschen bedient werden.

Zwischenstopp in Deutschland 2017. Tsepo Bollwinkel, verheiratet, zwei Kinder, von Beruf erster Oboist der Lüneburger Symphoniker, deutscher Staatsangehöriger, notiert: „Vor zwei Wochen kommt mein nicht mehr ganz so Kleiner wutschnaubend nach Hause. Er berichtet, dass er heute in der Schule den DaZ-Test absolvieren musste. DaZ? Bei mir dauert es etwas, bis es mir dämmert: Deutsch als Zweitsprache, DaZ. ‚Ich habe mir gleich gedacht, dass Du darüber sehr wütend sein wirst.' Der nicht mehr ganz so Kleine hat vollkommen Recht. Warum sollte ein Muttersprachler diesen Test machen müssen? Die Antwort wissen wir beide nur zu genau: Weil er schwarz ist.

Und wir sind uns in der familieninternen Bewertung einig. Das ist rassistische Kackscheiße. Na super, gerade ein Vierteljahr auf der neuen Schule. Und schon geht es wieder los. Der nicht mehr ganz so Kleine will, dass ich etwas unternehme. Er will die Zuordnung Schwarz gleich Nicht-Deutsch gleich Nicht-des-Deutschen-mächtig nicht auf sich sitzen lassen. Es empört ihn, dass er schon während des Testes protestiert hat, aber ungehört blieb.

Habe ich schon gesagt, dass ich jetzt so richtig sauer bin? Habe ich schon gesagt, dass diese Wut sich aus den lebenslangen Erfahrungen speist, die ich als Schwarzer Mensch in dieser Gesellschaft mache? Dass diese Erfahrungen unendlich schmerzhaft sind? Und dass der größte Schmerz von allen der ist, dass es den eigenen Kindern kein bisschen, kein klitzekleines bisschen besser ergeht." (Aus: Ogette, Tupoka (2018). Exit Racism – rassismuskritisch denken lernen. Münster: Unrast, S. 112 ff)

Aus Psalm 34

16 (ק)   *Die Augen der EWIGEN schauen freundlich,*
          wenn ihr Blick auf die Gerechten fällt.
          Ihre Ohren sind offen für ihr Hilfegeschrei.

17 (פ)   *Das Gesicht GOTTES verfinstert sich,*

wenn er auf das Treiben der Übeltäter blickt.
Die Erinnerung an sie schafft er aus der Welt.

Wir denken Jesus in einen weiten, freien, offenen Raum hinein. Doch von ihm wird eine Geschichte berichtet, die ihn ganz anders schildert. Diese Geschichte mit der ausländischen Frau aus Kana erzählen die Evangelisten Matthäus und Markus. Wir lesen aus dem Matthäus-Evangelium 15,21-28.

Die ausländisch-kanaanäische Frau

„Und Jesus ging weg von dort und kam in die Gegend von Tyrus und Sidon (Städte an der Grenze zu den Heiden).
Und siehe, eine kanaanäische Frau kam aus diesem Gebiet und schrie: Ach, Herr, du Sohn Davids, erbarme dich meiner! Meine Tochter wird von einem bösen Geist übel geplagt. Er aber antwortete ihr kein Wort.

Da traten seine Jünger zu ihm, baten ihn und sprachen: Lass sie doch gehen, denn sie schreit uns nach. Er antwortete aber und sprach: Ich bin nur gesandt zu den verlorenen Schafen des Hauses Israel. Sie aber kam und fiel vor ihm nieder und sprach: Herr, hilf mir!
Aber er antwortete und sprach: Es ist nicht recht, dass man den Kindern ihr Brot nehme und werfe es vor die Hunde. Sie sprach: Ja, Herr; aber doch essen die Hunde von den Brosamen, die vom Tisch ihrer Herren fallen.
Da antwortete Jesus und sprach zu ihr: Frau, dein Glaube ist groß. Dir geschehe, wie du willst! Und ihre Tochter wurde gesund zu derselben Stunde."

MUSIK   **BLUE IN GREEN** (Miles Davis)

Wie gelingt eine Begegnung auf Augenhöhe? Wie gelingt Achtung, die aufrichtig ist und Würde buchstabiert – so, dass wir uns aufrichten können und einander ansehen in Fremdheit und Verschiedenheit; und der gleichen Sehnsucht nach Nähe?

Ziemlich am Anfang des Films stehen wir unvermittelt im Wohnzimmer von Toni Lip, der durch das Geschrei der gesamten Männer seiner Familie – Vater, Brüder, Schwager – aus seinem Schlaf nach einer Nachtschicht in einem Club aufgeweckt wird. Alle haben sich versammelt. Der Grund: Es sind zwei Klempner in der Wohnung, die die Heizung reparieren wollen. Beide sind dunkelhäutig. Da kann man die Frau des Hauses – die Frau von Toni Lip – doch nicht alleine lassen.

Während die einen Football gucken und Bier trinken, bietet Mary, die Frau von Toni, den beiden Monteuren etwas zu trinken an. Nachdem diese gegangen sind, geht Toni wortlos in die Küche und schmeißt die Gläser, aus denen sie getrunken haben, in den Müll.

„Es ist nicht recht, dass man den Kindern ihr Brot nehme und werfe es vor die Hunde." Seine Einstellung ist klar, und wen er für Müll hält, auch. Seine Frau findet die Gläser im Mülleimer, holt sie heraus und stellt sie zurück in die Spüle. Es ist hier die Frau, die an der Würde arbeitet und sie lebt.

„Frau, dein Glaube ist groß. Dir geschehe, wie du willst!"

Nachdem Toni sein Angebot als Tourbegleiter erhalten hat,

klingelt morgens das Telefon. Es ist Dr. Don Shirley. Er will Mary sprechen, die Frau von Toni. Am Telefon fragt er sie, ob sie einverstanden ist, wenn ihr Mann zwei Monate auf Tour geht und so nicht zu Hause ist. Ein Anruf, der heraushebt, weil er Entscheidungsbetroffene zu Beteiligten macht und Frauen als gleichberechtigte Entscheidungsträgerinnen würdigt. Hier fragt einer, der sich offensichtlich auskennt darin, übergangen zu werden und nicht beteiligt zu sein in wichtigen Fragen des Lebens, einmal mehr nach.

Dr. Don Shirley weiß sich zu benehmen. Er weiß sich „weiß" zu benehmen. Er ist angekommen in der Oberschicht. Die Musiker seines außergewöhnlichen Trios neben ihm am Klavier – Cello und Violine – arbeiten nicht mit ihm, sondern für ihn; ebenso wie Toni. Augenhöhe geht anders. Auf der Tour wird bald deutlich, wie einsam Don Shirley ist. Wer sich von den anderen abhebt, wer nicht auf Augenhöhe in Kontakt kommt, hat kein Gegenüber.

Vor Beginn der Fahrt musste Toni seiner Frau versprechen, ihr zu schreiben. Erst widerwillig und zunächst unbeholfen, tut er es schließlich. „Es macht wohl keinen Spaß, so schlau zu sein." schreibt Toni seiner Frau. Er spürt die Einsamkeit seines Gegenübers und spürt eine Art von Mitgefühl in sich: Bei Einsamkeit scheint er sich auszukennen. Gegen Ende des Filmes wird er sagen: „Die Welt ist voll von einsamen Menschen, die darauf warten, dass der andere was sagt."

Einsamkeit ist dabei nicht eine Frage, wieviel Menschen mich umgeben und mit wie vielen ich in Kontakt trete. Einsamkeit ist die Frage danach, wem ich mich anvertrauen kann – auch mit den misslungenen Seiten der eigenen Existenz. Wem kann ich mich so zumuten, wie ich bin, ohne abgelehnt zu werden?

Wie kommen wir heraus aus der Einsamkeit, wie finden wir den Weg zueinander? Wie durchbrechen wir das unsichtbare Schweigen? Wie komme ich in Kontakt zu mir selbst und zum Grund des Lebens? Wie werde ich ganz und aufrecht und selbstkongruent und klar und zugewandt?

Aus Psalm 34:

5 (ד) *Als ich den GRUND suchte, antwortete er mir.*
Er zog mich heraus aus allen meinen Ängsten.

6 (ה) *Wer der EWIGEN Angesicht erblickt,*
strahlt vor Freude.
Niemand wird vor Scham erröten.

7 (ז) *Hier steht ein armer Mensch, der um Hilfe rief.*
Die EINE hörte es und rettete ihn aus aller Not.

LIED   DA WOHNT EIN SEHNEN TIEF IN UNS

Im Laufe des Films nähern sich die beiden Protagonisten einander an. Und buchstabieren dabei die Frage, ob ich mich verstellen muss, um anzukommen und angenommen zu sein, oder ob das auch anders geht.

Toni lebt zuweilen so, als sei das Leben eine Show und er auf einer Bühne. Hauptsache, es gibt einen Kick und macht Spaß! Und es wirkt, als ob er sich dafür nicht verstellen muss. Toni ist echt!

„Wir werden mit den vermögendsten und gebildetsten Leuten dieses Landes verkehren", sagt Dr. Shirley im Anfang des Films zu Toni. „Ich habe den Eindruck, Ihre Ausdrucksweise könnte etwas Schliff vertragen. Ich werde als Ehrengast in diesem erlesenen Kreis persönlich vorgestellt, und Sie, Mr. Vallelonga, ebenfalls. Meiner bescheidenen Meinung nach dürfte Vallelonga schwer auszusprechen sein. Daher fände ich den Namen Valle geeigneter".

Um anzukommen, muss man sich verstellen! Das ist die Botschaft für Farbige im rassistischen Teil der USA. Aber sie geht nicht auf. Toni bleibt bei seinem schweren Nachnamen und verzichtet auf die elaborierte Verständigung – er bleibt sich treu. Doch: Er ist auch weiß!

Als nach einem Konzert Toni – ohne jede Vorbehalte – mit

den schwarzen Angestellten auf dem Boden ein Geschicklichkeitsspiel spielt – und natürlich gewinnt – entgegnet Dr. Shirley: „Sie müssen nicht auf dem Boden herumkriechen und ihre Hose dreckig machen." Toni darauf: „Warum nicht? Ich kann doch tun, was mir Spaß macht; und im Spielen ziehe ich noch jeden ab." „Sie müssen es nicht, weil sie es besser können und andere Chancen haben. Sie haben eine Wahl, andere vielleicht nicht in der Weise."

Zur Würde, zur Identität und Selbstkongruenz gehört auch, dass wir nicht nur sind, was wir sind, sondern werden, was wir sein können. Gib dich nicht zu schnell auf; arbeite an dir; du hast es verdient; du kannst mehr, als du denkst.

„Da sprach die Frau: Ja, Herr; aber doch essen die Hunde von den Brotkrümeln, die vom Tisch ihrer Herren fallen." – Ich habe ein Recht darauf, etwas abzubekommen von deiner Heilkraft. Ich habe ein Recht darauf, dass meine Tochter gesund wird, und es ist genug da. Also heile meine Tochter … *„Da antwortete Jesus und sprach zu ihr: Frau, dein Glaube ist groß. Dir geschehe, wie du willst! Und ihre Tochter wurde gesund zu derselben Stunde."*

Dr. Shirley hilft Toni bei den Briefen an seine Frau. Am Ende schreibt Toni sie selbstständig, vielleicht nicht so geschliffen, aber er hat etwas gelernt. Würde hat etwas damit zu tun, dass wir einander helfen, besser zu werden als wir sind. Besser zu werden als ich bin.

Da gibt es eine denkwürdige Szene. Es ist Nacht. Bei einer Verkehrskontrolle ist Toni auf Grund von Provokationen und Schikanierungen über seine italienische Herkunft gegenüber einem Polizisten ausgerastet und hat ihn geschlagen. Beide, Dr. Shirley und er, sitzen nun im Knast. Es scheint, als sei die Fahrt damit zu Ende. Nur mit Mühe und guten Beziehungen gelingt es Dr. Shirley, dass beide aus dem Knast kommen. Draußen stellt Dr. Shirley Toni zur Rede: „Hat sie sich gelohnt, deine Gewalt? Hat sie dich weitergebracht, hat sie geholfen, das Ziel zu erreichen? Man siegt nie mit Gewalt! Gewinnen kann man nur, wenn man seine Würde wahrt. Denn Würde, Würde obsiegt immer. Und deinetwegen tun wir das heute nicht!"

15 (ᴐ) *Halte dich fern vom Bösen und tue Gutes!*
Suche den Frieden und setze dich dafür ein!

Während der Autofahrt bei strömendem Regen reden sie weiter. Toni regt sich auf über die Hochnäsigkeit und Edelhaftigkeit von Dr. Shirley. Ihm geht seine Sorge um seinen Ruf auf die Nerven. „Du, du kennst dich doch gar nicht aus. Du weißt doch gar nicht, worum es geht bei Würde und Ansehen. Du kennst doch gar nicht die Härte des Lebens. Ich bin doch wohl schwärzer als du. Du hast keinen Schimmer, was in deinen Leuten vorgeht, was die essen, wie sie reden, wie sie leben. Du weißt nicht mal, wer Little Richard ist.

Ich weiß ganz genau, wer ich bin. Ich bin einer, der sein Leben lang im selben Viertel in der Bronx lebt, mit Mutter, Vater, Bruder; und jetzt mit Frau und Kindern. So ist das, so einer bin ich. Ich bin das Arschloch, das jeden Scheißtag Geld ranschaffen muss, damit was auf den Tisch kommt. Du, Mister Big Shot, du wohnst oben im Schloss, reist in der Welt rum und gibst Konzerte für die Reichen. Ich lebe auf der Straße. Du sitzt auf'm Thron. Also ja, meine Welt ist tausendmal schwärzer als deine Welt."

Und Dr. Shirley entgegnet: „Ja, ich lebe in einem Schloss, Toni. Allein! Todreiche Weiße bezahlen mich dafür, dass ich für sie Klavier spiele. Dann fühlen sie sich kultiviert. Aber sobald ich die Bühne verlassen habe, bin ich für sie wieder nur ein Nigger aus dem Busch, weil das ihre wahre Kultur ist. Und diese Kränkung trage ich alleine, weil ich bei meinen Leuten nicht akzeptiert bin. Weil ich auch nicht bin wie sie. Wenn ich also nicht schwarz genug bin und nicht weiß genug und kein normaler Mann bin, dann sag mir doch, Toni, was bin ich?"

18 (שׂ) *Sie schrien und der EINE hörte es.*
Er zog sie heraus aus allen ihren Nöten.

19 (ק) *Die EWIGE ist ganz nahe bei den Menschen,*
die im Herzen verzweifelt sind.
Sie hilft denen, die ihren Lebensmut verloren.

20 (ר) *Wenn der Gerechte auch viel Böses erleidet,*
wird ihn der EWIGE von allem Übel befreien.

21 (שׁ) *Er schützt alle Glieder seines Körpers.*
Kein einziger Knochen wird ihm gebrochen.

SOMETIMES I FEEL LIKE A MOTHERLESS CHILD (Melodie vor 1870)

Vor dem letzten Konzert der Tour sitzen Toni und die Musiker im Restaurant. Es ist zugleich der Saal, in dem sie gleich spielen werden. Erst kommt das Essen, dann – das Konzert.

Südstaaten. Lauter Weiße an den Tischen. Dunkelhäutige bedienen. Ihr Boss, Dr. Shirley, fehlt. Er darf sich nicht dazusetzen. Vornehme Gesellschaft – weiß eben. Es ist der Tag vor Heiligabend. Ein kleiner Kameraschwenk mitten in dieser Szene zeigt ein Christuskind, in Windeln gewickelt, in einer Krippe liegen. Ich habe noch nie ein Christuskind so weiß – und darin so falsch – gesehen wie in dieser Szene.

Weihnachten. Das ist auch im Film Green Book eine Metapher für Veränderung, für die Umkehr der Verhältnisse. „Er wird ein Knecht und ich ein Herr, das mag ein Wechsel sein!" Der Showdown am Ende des Films führt zu einer sanften Revolution, zu einer grundsätzlichen Umkehr!

Wenn es nicht möglich sein soll, dass ein Schwarzer am Tisch der Weißen sitzt, nicht einmal eine Chance auf die Brotkrümel hat, die vom Tisch der Herren herabfallen, dann hilft die Würde. Nicht mit Gewalt, sondern mit der Kraft der

Würde gewinnen sie, was sie suchen: Freundschaft, Begegnung auf Augenhöhe.

Auf einmal kann Toni entscheiden, ob das Konzert gespielt wird. Falsch spielen für Vertrag und Geld? Herrschaftsverhältnisse werden beendet. Kein Essen, kein Konzert. So einfach ist das. Toni Lip und Dr. Shirley verlassen das Lokal und genießen nebenan, im Green Book-Restaurant, das volle Leben. Das Menschsein.

„Ich will den Herrn loben allezeit, sein Lob soll immerdar in meinem Munde sein." Wir haben diesen ersten Vers des Psalms zu Beginn des Gottesdienstes gebetet. Doch diese Übersetzung trifft eigentlich nicht, womit der Psalm seine Dichtung eröffnet. Wörtlich heißt es: Ich will Gott segnen! Sein Lob wird kontinuierlich, also beständig, in meinem Munde sein. Ich will Gott segnen! Das ist schon eine Hammer-Formulierung!

Wir haben uns daran gewöhnt, dass Gott uns segnet. Dass aber wir Gott segnen mit dem, was wir tun, mit unserer inneren Haltung und Einstellung, dass also wir es sind, die Gottes Kraft mächtig werden lassen, dass macht ein Umdenken nötig.

Wir segnen Gott, wir vermehren und erweitern seinen Raum, wir treten ein in etwas, das ist, das war und sein wird und machen es zugleich gegenwärtig und lebendig. Suche den Frieden! Verfolge dieses Ziel dauerhaft! So segnest du Gott, die Eine, Ewige, die Quelle und Kraft, Ursprung und Ende von allem, was ist. Mit anderen Worten: Mit unserer Haltung, mit unserer Einstellung, mit unserem Tun und Lassen machen wir Gott gegenwärtig.

In der Geschichte von der kanaanäischen Frau ist es am Ende die Beharrlichkeit und Würde der Frau, die Jesus zur Umkehr bewegt. Diese Frau segnet mit ihrem Verhalten Jesus, weil sie ihn verändert, bekehrt, ihm das Herz weitet. Die Frau hält fest an einer Begegnung auf Augenhöhe!

Am Schluss des Evangeliums wird dieser Jesus seine Freundinnen und Freunde auffordern, seine Lehre der Feindesliebe, der Gewaltfreiheit, der zuvorkommenden Güte Gottes weiterzusagen – aller Welt: Weil das Evangelium alle meint und niemanden außen vor lässt.

Der Film endet mit Weihnachten: einem gemeinsamen Fest auf Augenhöhe. Da werden Brot und Wein geteilt. Kein Herr, kein Knecht – eher Grund und Leben und ein weiter Raum des Friedens. In der Weihnachtserzählung des Lukas wird dieser Frieden Gottes der ganzen Welt zugesprochen: *„Ehre sei Gott in der Höhe und Frieden auf Erden bei allen Menschen."* *(Lk 2,14)* Gottes Liebe gilt allen Menschen!

Dieser zugesprochene Friede hat mit Würde zu tun: Jede und jeder ist einbezogen in diesen Raum des Friedens. Wir sind miteinander beauftragt, ihn auszubreiten und im Zusammenleben besser zu werden als wir sind. Nicht, weil wir es müssen, sondern weil es unserer Würde, unserem Menschsein entspricht. Wir sind eingeladen, Gott zu segnen, weil wir als Menschen mit Göttlichem, mit Würde, gesegnet sind!

Amen

LIED   **LOBT GOTT, IHR CHRISTEN ALLE GLEICH (EG 27)**

Fürbittengebet zu Psalm 34

„Ich will Gott segnen allezeit! Das Lob Gottes soll immerdar auf meiner Zunge sein!" *(Ps 34,2)*

Gott,
du Kraft der Liebe,
du heiliger Raum des Friedens,
du Atem der Seele.

Lehre uns, an Dir teilzuhaben,
lehre uns, dich zu teilen mit anderen,
Dich weiterzugeben wie Brot und Wein, die Lebensgaben
deiner Schöpfung.

Wie können wir die Güter dieser Erde miteinander ver-
wenden, so dass alle satt werden an ihrer Fülle?
Wie finden unsere Augen den Blick für die Schönheit der
Welt und die Heiligkeit des Lebens?
Wie können wir dein Lob vermehren, wie werden wir zu
deinem Raum, der das Leben besingt und die Freiheit und
Würde?

Hilf uns, das Leben zu segnen,
damit wir dich segnen,
du Kraft der Liebe.

„Die auf Gott sehen, werden strahlen vor Freude, ihr
Angesicht wird nicht schamrot werden." *(Ps 34,6)*

Gott,

wann können wir endlich strahlen, ohne rot zu werden,
weil der Reichtum der einen nicht mehr die Armut der
anderen bedeutet?
Wann werden unsere Handelsbeziehungen uns strahlen
lassen vor Freude, weil sie auch das Glück der anderen
mehren?
Wann endlich werden wir schamrot vor Freude, weil sich
die Menschen und Völker Liebeserklärungen machen und
die Mächtigen dieser Welt sich mit Freundlichkeit und
Vertrauen überbieten?
Wann bauen wir Mauern ab und nicht mehr auf?
Wann verschwinden die Zäune und die Selbstschutz-
Anlagen an den europäischen Außengrenzen?
Wann endlich segnen wir dich mit allen Mitteln, die uns
zur Verfügung stehen?

„Halte dich fern vom Bösen und tue Gutes!
Suche den Frieden und verfolge ihn mit all deiner
Kraft!" *(Ps 34,15)*

Das wollen wir versuchen, Gott,
deinen Frieden zu mehren und dich auszubreiten!
Wir wollen es versuchen, Gott,
deinen Raum zu betreten.
Vielleicht müssen wir uns dazu unsere Schuhe ausziehen
und Mutter Erde unter unseren Füßen spüren ...
Wir werden ihn suchen, deinen Raum des Friedens, und
wir werden ihn finden!
Auch, wenn wir ihn nicht sehen in Syrien und dem Jemen,
in Libyen und Nigeria, in Afghanistan und dem Irak, in
Israel und Palästina, deinem Heiligen Land ...
Wir vertrauen darauf, dass überall Menschen deinen
Raum des Friedens betreten und ihn ausbreiten ...
Wir suchen deinen Frieden, Gott, und suchen ihn auch in uns.
Darum hilf uns, die Bilder zu ändern, in denen wir abwer-
ten und sortieren nach Hautfarbe und Einkommensklasse
Wir suchen den Frieden –
und lassen uns nicht abhalten davon, dir zu vertrauen,
du Macht in Ohnmacht,
du Kraft des Herzens,
du Raum der Güte,
du heilige Stille...

Der Friede Gottes, der höher ist als alle Vernunft, bewahre
unsere Herzen und Sinne in Jesus Christus, unserem Herrn,
in dessen Namen wir beten:

Vater unser ...

CHORAL-JAZZ ZU EG 421
VERLEIH UNS FRIEDEN GNÄDIGLICH
(Melodie 9. Jh.)

25. August 2019

MUSIK **Andreas Kaling** (Saxophone), **Matthias Kosmahl** (Bass), **Bertold Becker** (Piano), **Ruth M. Seiler** (Orgel).

„Macht euch Freunde mit dem ungerechten Geld..."
(Lukas 16,9)

Der unverhoffte Charme des Geldes

PREDIGT UND MUSIK ZUM FILM

Predigttext: Lukas 16,1-9.13
Das Gleichnis vom schlauen Verwalter
(Übersetzung der „Basibibel")

1 *Dann sagte Jesus zu den Jüngern:*
»Ein reicher Mann hatte einen Verwalter.
Über den wurde ihm gesagt,
dass er sein Vermögen verschwendete.

2 *Deshalb rief der Mann den Verwalter zu sich*
und sagte zu ihm:
›Was muss ich über dich hören?
Lege deine Abrechnung vor!
Du kannst nicht länger mein Verwalter sein.‹

3 *Da überlegte der Verwalter:*
›Was soll ich nur tun?
Mein Herr entzieht mir die Verwaltung.
Für schwere Arbeit bin ich nicht geeignet.
Und ich schäme mich,
betteln zu gehen.

4 *Jetzt weiß ich, was ich tun muss!*
Dann werden mich die Leute in ihre Häuser aufnehmen,
wenn ich kein Verwalter mehr bin.‹

5 *Und er rief alle einzeln zu sich,*
die bei seinem Herrn Schulden hatten.
Er fragte den Ersten:
›Wie viel schuldest du meinem Herrn?‹

6   Der antwortete:
    ›Hundert Fässchen Olivenöl.‹
    Da sagte der Verwalter zu ihm:
    ›Hier ist dein Schuldschein.
    Setz dich schnell hin
    und schreib fünfzig!‹

7   Dann fragte er einen anderen:
    ›Und du, wie viel bist du schuldig?‹
    Er antwortete:
    ›Hundert Sack Weizen.‹
    Der Verwalter sagte:
    ›Hier ist dein Schuldschein,
    schreib achtzig!‹

8   Und der Herr lobte den betrügerischen Verwalter,
    weil er so schlau gehandelt hatte.
    Denn die Kinder dieser Welt
    sind schlauer im Umgang mit ihren Mitmenschen
    als die Kinder des Lichts.

9   Und ich sage euch:
    Nutzt das Geld,
    das euch von Gott trennt,
    um euch Freunde zu machen!
    Dann werden sie euch in die ewigen Wohnungen –
    die Zelte der Wanderschaft - aufnehmen,
    wenn diese Welt zu Ende geht.«

13 Keiner kann gleichzeitig zwei Herren dienen!
    Entweder wird er den einen hassen
    und den anderen lieben.
    Oder er wird dem einen treu dienen
    und den anderen nicht beachten.
    Ihr könnt nicht gleichzeitig Gott
    und dem Geld dienen.«

Liebe Schwestern und Brüder!

I „Weiß ich, was ich tun muss"?

Hört beim Geld die Freundschaft auf – und fängt die Liebe an? Und wenn ja: welche Liebe? Die Liebe zum Geld – zum Leben – zu Frauen oder zu Männern?

Im Film „Der unverhoffte Charme des Geldes" geht es um Liebe. Und es geht um Integrität und Aufrichtigkeit angesichts der Frage nach Geld, Armut und Reichtum.

Pierre-Paul ist Anfang 30, Doktor der Philosophie und verdient seinen Lebensunterhalt als Paketbote. Zum Leben reicht es. Pierre-Paul lebt allein und ist allein.

„Du wirst noch einsam und alleine und ohne irgendjemanden an deiner Seite sterben", prophezeit ihm seine Freundin Linda bei der Trennung zu Beginn der filmischen Erzählung.

Pierre-Paul ist alleine, weil er hochbegabt ist – und weil er seinen Prinzipien treu sein will. Im Gespräch mit seiner Freundin kann er Liebe nicht benennen, weil er nicht eindeutig weiß, was es ist. Folgerichtig kann er seiner Freundin nicht sagen, dass er liebt. Sie geht – und wir merken – es ist richtig so.

Pierre-Paul ist alleine, aber dennoch nicht einsam, weil er eine große Familie hat. Ehrenamtlich engagiert er sich im Sozialkaufhaus und der Suppenküche und gibt Obdachlosen, die er auf der Straße trifft, großzügig etwas in den Pappbecher. Er kennt sie. Hier scheint sein Leben eingebunden und sinnvoll. Er wird gebraucht und findet Menschen, mit denen er etwas teilen kann.

Wo gehörst du hin?
Welche Familie teilst du?
Welchen Prinzipien bist du treu?
Was ist dir wichtig?

Welche Regeln achtest du? Sind es die Werte der Menschenwürde?

Liebst du das Geld und den Reichtum?

Wofür setzt du dich ein und gibst deine Kraft?

Es scheint fast, als stelle der Film genau solche Fragen – und als nähme er uns mit auf die Suche nach den Antworten.

LIED   **DA WOHNT EIN SEHNEN TIEF IN UNS**

II. „Wo dein Schatz ist, ist auch dein Herz!" *(Matthäus 6,21)*

Der Film „Der unverhoffte Charme des Geldes" erzählt eine fiktive Geschichte. Und darin passiert nun etwas, das alles Bisherige komplett auf den Kopf stellt.

Pierre-Paul wird einziger Zeuge eines brutalen Raubüberfalls. Zwei Banden überfallen zufällig das gleiche Objekt – und erschießen sich dabei gegenseitig. Aus dem unbeteiligten Zeugen Pierre-Paul wird einer, der dem unverhofften Charme des Geldes erliegt. Er schnappt sich die zwei vollen Taschen mit Geld.

Was tut er mit dem Geld?

Bleibt er sich treu oder korrumpiert ihn der Reichtum?

Ist er bereits der Macht des Geldes verfallen, weil er nicht die Polizei ruft, sondern das Geld an sich nimmt?

Findet er durch das Geld das, was er sucht?

Pierre-Paul findet etwas, das er zunächst nicht benennen kann.

Nachdem er unverhofft zu Geld gekommen ist, sehen wir ihn, den eigentlich integren, sozial engagierten Mann, im Netz nach einer Prostituierten suchen.

Welche Seite bringt das Geld an ihm zum Vorschein?

Er, der Doktor der Philosophie, stößt auf eine Seite, die ihn fasziniert. Mit einem Vers aus der philosophischen Tradition bietet eine Dame ihre Dienste an, und sie scheint darin etwas teilen zu wollen: Schönheit und Bedürftigkeit und Empfindsamkeit.

Etwas teilen wollen – das spricht ihn an.
Der Preis dieser Escort-Dame interessiert ihn nicht.
Denn: Geld spielt keine Rolle, wenn du es hast. Er bestellt die Dame, und auf einmal kann er fühlen, wofür ihm zunächst die Worte fehlten. Er fühlt Liebe. Sex interessiert ihn da nicht mehr. Er verliebt sich in die Escort-Dame Aspasia. Er liebt frei von jeder moralischen Wertung. Er sieht den Menschen, nicht den Dienst. Mit ihm erleben wir, wie es ist, jemanden zu achten, ohne nach seiner Herkunft oder ihrem Beruf oder den Lebensverhältnissen zu urteilen.

Wie im richtigen Märchen verlieben sich die beiden während des Films immer mehr ineinander. Die sich entwickelnde Liebe der beiden steht sinnbildlich für etwas, das das Geld in den Hintergrund drängt: Begegnung, Interesse, Sehnsucht nach Wärme und Nähe, Vertrauen und vorbehaltlose menschliche Begegnung. Geld wird darin bedeutungslos – und kann auf einmal geteilt werden, weil etwas anderes wichtig ist.

Was ist mir wichtig? Wofür trete ich ein?
Was ist uns als Gesellschaft wichtig?
Was verdreht mir den Kopf?
Ist es das Geld und der Reichtum?
Worin bin ich verliebt? Welche Schönheit suche ich?
Was will ich verschwenden in meinem Leben?
Was ist das oberste Ziel unserer Gemeinschaft?

Was passiert, wenn wir das Geld über alles stellen – und die Beziehungen danach ordnen? Worin verlieben wir uns dann?

MUSIK   THE FOOL ON THE HILL

III. „Und der Herr lobte den Verwalter, weil er so schlau gehandelt hatte." *(Lukas 16,8)*

Der Evangelist Lukas erzählt eine besondere Geschichte von Jesus.
In ihr passiert etwas, das alles Bisherige komplett auf den Kopf stellt.
Drei handelnde Personen gibt es in dieser Geschichte: einen Großgrundbesitzer, einen Verwalter eben dieses Großgrundbesitzers und die Schuldner, die über den Verwalter dem Großgrundbesitzer etwas schulden.

Die Geschichte geht so:
Es war einmal der Verwalter eines Gutshofes, der verschwendete den Besitz seines reichen Großgrundbesitzers.
Er lebt in Saus und Braus und lässt sich einiges zu Schulden kommen. Das kommt dem reichen Herrn zu Ohren. Er bestellt ihn ein und fordert eine genaue Abrechnung: Spesen und Ausgaben und – und – und …

Der Verwalter merkt: Das überlebe ich hier nicht. Er lässt seinerseits die Schuldner seines Herrn kommen. Sie alle sind hoch verschuldet. Der eine schuldet hundert Fässer Olivenöl – das wäre auch heute noch ein Vermögen! Der andere schuldet 100 Säcke Weizen.

In seiner Zwangslage verändert nun der Verwalter die Höhe ihrer Schuld. Weil er mit der Dankbarkeit dieser Schuldner rechnen kann, sichert er sich so seine Zukunft – wieder durch die Verschwendung des Eigentums seines Herrn.
Das ist eine ziemlich gerissene, subversive Aktion. So weit, so gut.

Lesen wir diese Geschichte aus der Perspektive des reichen Großgrundbesitzers, also aus der Perspektive der Sicherung von Eigentum, dann erleben wir einen Verwalter, der den Reichen um einen Teil seines Vermögens bringt.

Unser Blick ist hier, ohne dass wir es merken, der Wertehorizont des Geldes: Oberstes Gebot ist die Sicherung privaten Vermögens.

Die Geschichte aber nimmt eine überraschende Wendung: „Als der Gutsherr von diesem Verhalten hört, lobt er seinen Verwalter." Wir sind durch das Lob des Gutsherrn irritiert und eingeladen, einen anderen Blick zu wagen und genauer hinzusehen:

Offensichtlich geht es um unglaublich viele Schulden. Die Geschichte übertreibt vermutlich, um uns die Augen zu öffnen. Wie kommt jemand zu einer Schuldenlast von hundert Fässern Olivenöl und 100 Säcken Weizen?

Hier offenbart sich eine ökonomische Schieflage, mit der die Geschichte spielt.

Die Schuldenlast ist sicher nicht Ausdruck einer gerechten Zinslast, sondern wahrscheinlich Auswuchs eines Systems, in dem die einen gewinnen und die anderen verlieren.

Stellen wir uns auf die andere Seite, die Seite der Schuldner und lesen die Geschichte aus der Sicht der Abhängigen, dann haben alle durch das Handeln des Verwalters etwas gewonnen: Lebensperspektive hier, geringere Schulden dort. Als wäre ein biblisches Erlassjahr angebrochen, in dem nach sieben Jahren die Schulden erlassen werden, gewinnen die Verschuldeten durch die Aktion des Verwalters neue Lebensmöglichkeiten. Klug gemacht! Lebensgewinn! Und der in unseren Augen Geschädigte: Der lobt den Verwalter!

> *„Vergib uns unsere Schuld – wie auch wir vergeben anderen ihre Schulden."*

Die Geschichte mutet uns eine neue Perspektive zu:
Was ist wichtig? Worauf kommt es an? Welche Werte sollen gelten?
Was wollen wir in den Blick nehmen? Welche Sicht der Dinge machen wir uns zu eigen?
Sind wir eher bereit, Menschen in die Armut und damit in die Würdelosigkeit zu treiben, als die Gesetze der Geldwirtschaft zu verletzen? Haben die Sicherung des Vermögens und die Rendite oberste Priorität?
Oder ist weniger nicht doch mehr?

> Jesus sagt:
> *„Ihr könnt nicht Gott anbeten und das Geld!"*
> *„Nutzt das Geld,*
> *das euch von Gott trennt,*
> *um euch Freunde zu machen!"*
> *„Werdet zu Kindern des Lichts!"*

JOHANN GOTTFRIED WALTHER (1684-1748)
AUS DER PARTITA ÜBER „JESU, MEINE FREUDE"
Choral e Partite 1 + 4

IV. „Ihr könnt nicht Gott dienen und dem Geld"
(Lukas 16,13)

Als Pierre-Paul mit seinem unverhofften Besitz des Geldes nicht weiß, wie es jetzt weitergehen soll, sucht er sich Unterstützung bei einem gerade aus dem Knast entlassenen ehemaligen Rocker Sylvain – „The Brain". Der hat in seinem Gefängnisaufenthalt Finanzwesen studiert und plant nun eine bürgerliche Existenz. Auch er hat viel Geld aus seinem vorigen Leben vergraben.

Der eine hat eine bürgerliche Existenz und kriminelles Geld; der andere hat eine kriminelle Existenz und will bürgerliches Geld. Die beiden Menschen, die sich sonst in ihrem Leben nicht begegnet wären, bilden ein Duo und mit der Escort-Dame Aspasia ein Trio.

Sie werden ein Team, das etwas lernt. Pierre-Paul, der Doktor der Philosophie, vertraut beiden grenzenlos, und das scheint anzustecken. Bei Geld hört die Freundschaft nicht auf, sie fängt hier an – weil der Wert, um den es geht, nicht das Geld ist.

Als Trio wenden sie sich an den einflussreichsten Finanzjongleur Kanadas.

„Museen" – sagt der beim ersten Treffen in seinem Büro, an dem ein sehr wertvolles Gemälde neben dem Schreibtisch hängt: "Museen sind etwas für das Volk – ich brauche nicht mehr ins Museum, weil ich die Kunst bei mir habe. Ich kann sie mir leisten."

Das erste Treffen zum Deal findet ausgerechnet in einem Museum statt – der öffentliche Ort des Volkes.

Wir werden Zeugen einer großen Transaktionsgeschichte. Auch Geldwäsche genannt. Je höher die Summen, desto geringer scheint in dieser Welt das Interesse an der Herkunft des Geldes.

Wir erleben einen Finanzmarkt, der Ausdruck eines kriminell zu nennenden Systemversagens wird. Während die Verbrecher das Geld suchen, ist es bereits sicherer Grundstock einer Wohltätigkeitsorganisation in der Schweiz. Die Gier nach Vermögen scheint alles zu ermöglichen und über dem Recht zu stehen. Dem seriösen Finanzmakler scheint die Welt des Geldes zu Füßen zu liegen.

Als Josef Ackermann noch Chef der Deutschen Bank war, belief sich seine Vergütung auf 12 Millionen Euro jährlich. Im gleichen Jahr hat die Familie Quandt allein für ihre BMW-Aktienanteile eine Rendite von 680 Millionen erhalten. Hier wirkt das Gehalt von Herrn Ackermann wie ein Angestellten-Lohn. Wissenschaftler haben ausgerechnet, dass eine Minderheit von rund 63.000 Personen ein Vermögen besitzen, das das jährliche Bruttoinlandsprodukt aller Staaten der Welt übersteigt.

Die gute Nachricht dabei: Es gibt so viel Geld auf der Welt, dass die Not eines jeden Menschen vorbei sein könnte. Wir, also die Weltgemeinschaft, könnte mit dem Geld einiges machen: („Geh hin, schreibe schnell 50" – Schuldenerlass in Griechenland – nur ein ganz kleines Beispiel.) Die schlechte Nachricht: Es könnte sein, dass das Kapital einer kleinen Finanzoligarchie derzeit die dominierende Weltmacht darstellt und das private Geld der oberste Wert ist, nach dem sich alles andere richtet.

Dem seriösen Finanzmakler scheint die Welt des Geldes zu Füßen zu liegen.

Alles ist möglich, alles käuflich. Der Präsident der USA hat jetzt Dänemark den Vorschlag unterbreitet, Grönland zu kaufen. Als Dänemark das ablehnte, hat er kurzerhand seine für zwei Wochen später geplante Reise in das traditionsreiche Land abgesagt.

Machtfülle, in der alles käuflich ist. In einem Interview über sein neues Buch sagt Thomas Middelhoff Anfang dieser Woche: „Der Konzernherr und meine Vorgänger hatten auch außereheliche Beziehungen; wie viele Topmanager, darüber wird nur nie geschrieben" (NW vom 19.08.). Middelhoff sagt, dass er sich schuldig fühle, „weil er in Teilen seinen Charakter verloren und gegen Wertmaßstäbe der Gesellschaft verstoßen habe."

„Du kannst nicht Gott dienen und dem Geld"

CHORAL-JAZZ ZU EG 221
DAS SOLLT IHR, JESU JÜNGER, NIE VERGESSEN
(Melodie 1640)

V. „Leg deine Abrechnung vor"

1 *»Ein reicher Mann hatte einen Verwalter.*
Über den wurde ihm gesagt,
dass er sein Vermögen verschwendete.
2 *Deshalb rief der Mann den Verwalter zu sich*
und sagte zu ihm:
›Was muss ich über dich hören?
Lege deine Abrechnung vor!«
(Lukas 16, 1+2)

Abgerechnet wird in dem Film viel. Er führt uns die Brutalität des Geldes mit drei Gewaltszenen vor Augen:
Als bei dem Geldüberfall zu Beginn der Story einer der Gangster angeschossen fliehen kann, rettet er sich zu einer Ärztin. Sie sagt: Hast Du Geld? Kannst du zahlen? – Er hat kein Geld, will es nachreichen. Doch ohne Geld: keine Leistung.

Das ist auf den ersten Blick keine Gewaltszene. Und doch wird hier die strukturelle Gewalt eines Systems deutlich, in der für Geld alles zu haben ist. Ein System, wo Menschenleben – und Würde – nur einen Preis haben, aber keinen Wert; unter diesem System leiden die Obdachlosen der Stadt und die Armen. Auch die einfachen Paketdienstfahrer leiden, weil deren Knie am Ende des Berufslebens durch das häufige Ein-, Aus- und Treppensteigen ruiniert sind.

Es wird abgerechnet. Die Gewaltszenen sind hart, weil sie offen machen, wohin die Dynamik der gesellschaftlichen Bewertung des Geldes führen kann – und welche Brutalität ihr innewohnt.

Besonders setzte mir die Szene einer Folter zu: Ein verletzter Gauner wird von den anderen Verbrechern an seinen Armen

aufgehängt, weil sie denken, er habe Geld veruntreut. Ich musste bei dieser Szene an den Gekreuzigten denken: So wie Jesus wird hier einer gefoltert und geschlagen. Es heißt, dass auch Jesus um des Geldes willen für 30 Gulden verraten wurde. Wieviel Wert hat ein Menschenleben? Welchem Wert dienen wir? Ein Armer hing an seinen Armen. Open Arms: Das Mittelmeer-Rettungsschiff einer spanischen Hilfsorganisation mit diesem Namen lag knapp drei Wochen vor der italienischen Küste bei Lampedusa. Sie durften den Hafen der Insel nicht anfahren. Drei Wochen sind über 80 Menschen auf einem Boot gefangen, das kein Kreuzfahrtschiff ist, sondern ein einfacher Seenotrettungskreuzer. Am vergangenen Mittwoch endlich stellte die italienische Justiz die Einfahrtgenehmigung sicher – gegen den Willen des Innenministers.

„Wir teilen unseren Reichtum nicht mit den Flüchtlingen, den Afrikanern, die nur zu uns kommen, um hier abzugrasen und rumzuschmarotzen und sich auf unsere Kosten ein schönes Leben zu machen." – so klingt es aus dem rechtskonservativen Lager in Italien. Europa macht die Grenzen dicht

Vor wenigen Wochen, auf unserem Rückweg aus dem Sommer-Urlaub, sind wir an dem französischen Städtchen Calais vorbeigefahren. Die Autobahn führt dicht an dem

Gelände des Ärmelkanaltunnels entlang. Wie zu DDR-Zeiten sind hier die Grenzen geschützt, damit nicht etwa unerlaubte Passagiere illegal nach Dover kommen. Außengrenzen der EU mitten im Inland.

Vielleicht sind mir die Gewaltszenen im Film so nahegekommen, weil tatsächlich etwas dran ist an dem Zusammenhang von Reichtum und Sicherheit und Gewalt. Dabei ist es nicht nur die Gewalt einzelner, die so erschreckend ist, sondern es ist auch die strukturelle Gewalt, die Armut macht und Menschenleben fordert. Zäune mit tödlichem Stacheldraht tun selber nichts Aktives, sie stehen nur da – und machen doch alles deutlich.

„Du kannst nicht Gott dienen und dem Mammon"

MUSIK   CHORAL-JAZZ ZU EG 97
               HOLZ AUF JESU SCHULTER,
               VON DER WELT VERFLUCHT

VI. „Nutzt das Geld, das euch von Gott trennt, um euch Freunde zu machen!"

Nach verschiedenen Treffen stehen Pierre-Paul und Aspasia auf der wunderschönen Terrasse ihrer Luxuswohnung. Sie unterhalten sich.

„Reichtum verändert", sagt Aspasia. „Wenn du einen persönlichen Chefkoch hast, der dir alle deine kulinarischen Wünsche erfüllen kann, dann siehst du die Welt mit anderen Augen, dann liegt dir alles zu Füßen, dann denkst du, es gehört dir alles und du kannst machen, was du willst.

Reichtum verschafft dir Macht, in der du dich überhebst über alles. Der Reichtum wird dich verändern." Du kannst nicht Gott dienen und dem Geld!

Doch, sagt Pierre-Paul, das kann ich, ich weiß, wie es ist, arm zu sein, und werde meinen Werten und Idealen treu bleiben.

Ich lasse mich nicht korrumpieren. Denn Geld ist kein Wert an sich und Reichtum kein Ideal.

> *„Nutzt das Geld, das euch von Gott trennt, um euch*
> *Freunde zu machen!* (sagt Jesus) *Dann werden sie euch*
> *in die ewigen Wohnungen aufnehmen ..."*

Jean-Claude, der obdachlose Verkäufer der Wohnungslosenzeitung, und Pierre-Paul sitzen eines Abends zusammen und trinken ein Bier. Weißt du, wovon ich träume, sagt der obdachlose Freund: Dass ich eine eigene Wohnung habe. Sie muss nicht groß sein: Ein Bett, ein Tisch, ein Sessel und ein Fernseher. Und: Dass ich weiß, wo ich schlafen kann und nicht mehr suchen muss nach einem Schlafplatz unter Brücken und vor Geschäften. Ich habe nachts sogar Albträume davon, mir einen Schlafplatz suchen zu müssen.

Doch der Mann hat Glauben. Er nennt das nur anders: Vorsehung. „Ohne die Vorsehung hätte ich mir schon längst eine Überdosis gegeben – aber die Vorsehung hat anderes vor", sagt er. „Wenn die Vorsehung es will, wirst du vielleicht eines Tages reich." Mit der Vorsehung könnte alles anders werden.

„Vorsehung" – mit diesem Begriff meint der Mann auch eine Familie, eine Kraft der Verbindung, die das Irdische übersteigt, weil sie von Werten geprägt ist, die heilig sind. Am Ende des Films steht er, der ehemals Obdachlose, in einer Wohnung. Sie wird er ohne Miete nutzen können, sie ist ein Teil eines gewonnenen und solidarisch verteilten Reichtums – aus den Millionen des Überfalls. Wir sehen ein Staunen und ein unglaubliches Glück. Es ist eingefangen in einer kleinen Szene an einem Wasserhahn, unter dessen klarem, fließenden Wasser der Wohnungssuchende seinen Durst stillen kann, und dessen Wasser immer sauber ist und nicht versiegt.

Der Seher Johannes hört Gott sprechen:

*„Ich bin das A und das O – der Anfang und das Ende.
Ich will dem Durstigen geben von der Quelle des leben-
digen Wassers umsonst."* **(Offenbarung 21,6)**

Hier, am Ende des Films, findet einer, stellvertretend für die
Vielen, zu dieser Quelle des Wassers – Vor-Sehung: Als wäre
das Wort eine Metapher dafür, dass die Dinge sich ändern
können und jedeR etwas abbekommt von dem großen Ku-
chen. Es reicht für alle.
Stellvertretend für die Vielen hat der Wohnungslose
Jean-Claude, der Verkäufer der Wohnungslosenzeitung, jetzt
eine Wohnung.

Am Ende des Films sehen wir auf Portraits von Menschen.
Menschen am sogenannten Rand der Gesellschaft. Ihr
Gesicht kommt groß ins Bild. Ohne Worte sehen sie uns an
und fragen: Wann wird es soweit sein?
Wann werden auch wir zu den Quellen des Wassers finden
– und aus einem Wasserhahn ohne Angst trinken können?
Wann werden sich unsere Schlafplätze unter Brücken und in
Eingängen von Geschäften in einfache Wohnungen verwan-
deln, aus denen wir nicht vertrieben werden können?

›Wie viel schuldest du meinem Herrn?‹
Der antwortete:
›Hundert Fässer Olivenöl.‹
Da sagte der Verwalter zu ihm:
›Hier ist dein Schuldschein.
Setz dich schnell hin
und schreib fünfzig!‹

Und der Herr lobte den betrügerischen Verwalter,
weil er so schlau gehandelt hatte.
(Lukas 16, 5.6.8)

Nutzt das Geld, das euch von Gott trennt, um euch Freunde
zu machen!

Geld an sich hat keinen Wert. Es kommt vielmehr darauf an, welche Werte wir mit ihm verfolgen. Geld an sich ist genug da. Es reicht zur Linderung der Not – und noch mehr als das: Dann werden sie Wohnungen finden und Heimat und Freiheit ohne Angst, weil die Familie vieler Menschen, die Schwestern und Brüder, sie tragen.

> *„Ihr seid das Licht der Welt", sagt Jesus.*
> *Wir können es leuchten lassen!*

Amen.

LIED   WENN EINE ALLEINE TRÄUMT

Fürbittengebet

Christus, du Licht der Welt,

lass uns in dein Licht treten und bitten:
dass wir alle einen Raum zum Leben finden, wo wir so sein dürfen, wie wir sind: frei, verletzlich und auf Freundschaft angewiesen.
Darum bitten wir für unsere Beziehungen, für Ehepartner, Familien und andere Lebensgemeinschaften, dass wir Achtsamkeit lernen und Freundlichkeit und Offenheit ausstrahlen. Wir stellen den Raum der Beziehungen gegen den Machtraum des Geldes.

Christus, du Licht der Welt,

lass uns in dein Licht hineinstellen alle, die in der vergangenen Nacht kein Dach über dem Kopf hatten, alle, die nicht wissen, wo sie heute Ruhe finden.
Wir denken vor dir an alle, die von der Hand in den Mund leben, denen ein ausreichendes Einkommen fehlt, die keine Heimat haben oder auf der Suche sind nach einer neuen.
Wir bringen alle vor dich, die zu müde sind für den nächsten Schritt, weil Schulden und Zinsen an ihnen hängen wie

schwere Gewichte. Nimm die Angst, nichts mehr wert zu
sein, und zerbrich die Mauer des Schweigens, die trennt.

Christus, du Licht der Welt,

lass uns in dein Licht treten und bitten:
Dass wir die Augen nicht verschließen vor der Not, die
unter uns herrscht, dass wir dort nicht untätig und stumm
bleiben, wo wir durch Reden und Handeln zur Besserung
beitragen können, dass wir auch unsere eigene Hilflosig-
keit erkennen und aushalten, wo es keinen Ausweg gibt,
dass wir in unseren Gemeinden und Kirchen teilen und
Solidarität üben.

Christus, du Licht der Welt,

wir danken dir für die Menschen, die bereit sind zu teilen.
Wir danken dir für alle, die sich beteiligen, das Gemein-
wohl zu gestalten, die geben und schenken und sich freuen
an dem, was miteinander werden kann.

Wir möchten davon lernen und würden gerne mehr
leuchten.

Christus, du Licht der Welt,

wir würden gerne mehr leuchten. Doch manchmal
scheinen wir wie besessen, immer
mehr und mehr haben zu wollen ...
Der Amazonas brennt. Wald muss weichen für die Rendite
und den einmaligen Ertrag ...
Das Eis schmilzt, weil wir verbrennen, was das Zeug hält ...

Christus, du Licht der Welt,

wir können umkehren. Lass dein Licht leuchten.
Darum bitten wir und beten, wie Du es uns gelehrt hast:
Vater unser ...

Die Filme

MIDNIGHT IN PARIS E, USA 2011
Regie Woody Allen | Mit Owen Wilson, Rachel McAdams,
Marion Cotillard | Concorde Filmverleih GmbH

ZIEMLICH BESTE FREUNDE F 2012
Regie Eric Toledano, Olivier Nakache | Mit François Cluzet,
Omar Sy, Anne Le Ny | Senator Filmverleih

DER GESCHMACK VON ROST UND KNOCHEN F, B 2013
Regie Jacques Audiard | Mit Marion Cotillard, Matthias
Schoenaerts, Armand Verdure | Wild Bunch Germany GmbH

MEINE SCHWESTERN D 2014
Regie Lars Kraume | Mit Jördis Triebel, Nina Kunzendorf,
Lisa Hagmeister | Alamode Filmverleih

MONSIEUR CLAUDE UND SEINE TÖCHTER F 2014
Regie Philippe de Chauveron | Mit Christian Clavier,
Chantal Lauby, Ary Abittan | Neue Visionen Filmverleih

WIR SIND JUNG. WIR SIND STARK. D 2015
Regie Burhan Qurbani | Mit Devid Striesow, Jonas Nay,
Joel Basman | Zorro Film GmbH

COLONIA DIGNIDAD D 2016
Regie Florian Gallenberger | Mit Emma Watson, Daniel Brühl,
Michael Nyqvist | Majestic Filmverleih GmbH

DER WEIN UND DER WIND F 2017
Regie Cedric Klapisch | Darsteller Pio Marmaï, Ana Girardot,
François Civil, Jean-Marc Roulot, María Valverde, Yamée Couture |
StudioCanal GmbH

DAS LEUCHTEN DER ERINNERUNG I, F 2018
Regie Paolo Virzì | Mit Helen Mirren, Donald Sutherland,
Christian McKay | Concorde Filmverleih GmbH

EIN DORF ZIEHT BLANK F 2018
Regie Philippe Le Guay | Mit François Cluzet, Toby Jones,
François-Xavier Demaison | Concorde Filmverleih GmbH

GREEN BOOK – EINE BESONDERE FREUNDSCHAFT USA 2019
Regie Von Peter Farrelly | Mit Viggo Mortensen, Mahershala Ali,
Linda Cardellini | Entertainment One Germany GmbH

DER UNVERHOFFTE CHARME DES GELDES CAN 2019
Regie Denys Arcand | Mit Alexandre Landry, Maripier Morin,
Rémy Girard | MFA Filmverleih

Evangelisch-**Reformierte** Kirchengemeinde **Bielefeld**

Bertold Becker, geb. 1961, ist seit 2010 Pfarrer der Evangelisch-Reformierten Kirchengemeinde Bielefeld. Seine Leidenschaft gilt der Auslegung biblischer Texte und dem freien Raum, den sie eröffnen. In Verbundenheit zum Jazz arrangiert er alte Chorallieder der Kirche, als wären es Jazz-Standards. Dabei entstehen Klangräume, in denen Melodien erkennbar bleiben und in anderer Weise musikalische Intensität gewinnen.

Uwe Moggert-Seils, geb. 1961, war bis 2001 Pfarrer der Evangelisch-Reformierten Kirchengemeinde Bielefeld. Seit 2016 ist der gelernte Kommunikationsfachwirt für die Öffentlichkeitsarbeit im Kirchenkreis Bielefeld zuständig. Für Ihn kommen beim Projekt »Kirche trifft Kino« gleich drei seiner Leidenschaften zusammen – die Freude an experimentellen Gottesdiensten, die Liebe zur Jazzmusik und die Neugierde auf aktuelle Kinofilme.

Friederike Kasack, geb. 1953, ist seit 2016 Vorsitzende des Presbyteriums der Gemeinde. Sie legt Wert auf Beziehungen: Zwischen Gott und Mensch, Mensch und Mensch, Wort und Tat. Ihre Mitarbeit gilt einer offenen, aufrechten, glaubwürdigen Gemeinde.

 **Andreas Kaling** (Saxophone)

 **Matthias Kosmahl** (Bass)

 **Joachim Fitzon** (Bass)

 **Bertold Becker** (Piano)

 **Ruth M. Seiler** (Orgel)